O **MARXISMO**
AINDA É ÚTIL?

Dados Internacionais de Catalogação na Publicação (CIP)
(Câmara Brasileira do Livro, SP, Brasil)

Betto, Frei
    O marxismo ainda é útil? / Frei Betto. — São Paulo :
Cortez, 2019.

ISBN 978-85-249-2731-7

1. Capitalismo 2. Filosofia marxista 3. Marx, Karl,
1818-1883 - Crítica e interpretação 4. Marxismo 5. Socialismo
I. Título.

19-27163   CDD-320.532

Índices para catálogo sistemático:
1. Marxismo : Ciência política   320.532

Cibele Maria Dias - Bibliotecária - CRB-8/9427

Frei Betto

O MARXISMO AINDA É ÚTIL?

São Paulo – SP
2019

O MARXISMO AINDA É ÚTIL?
Frei Betto

Capa: de Sign Arte Visual
Preparação de originais: Maria Helena Guimarães Pereira
Normalização de arquivo digital: Jaci Dantas
Revisão: Maria de Lourdes de Almeida
Diagramação: Linea Editora
Coordenação editorial: Danilo A. Q. Morales

Nenhuma parte desta obra pode ser reproduzida ou duplicada sem autorização expressa do autor e do editor.

© 2019 by Frei Betto

Direitos para esta edição
CORTEZ EDITORA
Rua Monte Alegre, 1074 — Perdizes
05014-001 — São Paulo-SP
Tel.: +55 11 3864 0111 /3803 4800
cortez@cortezeditora.com.br
www.cortezeditora.com.br

Impresso no Brasil — agosto de 2019

A Michael Löwy, amigo e mestre.

SUMÁRIO

SIGLAS		9
INTRODUÇÃO		11
CAPÍTULO 1	"O marxismo não é mais útil?"	15
CAPÍTULO 2	Como a sociedade aparece aos nossos olhos	21
CAPÍTULO 3	Como funciona a sociedade	27
CAPÍTULO 4	Os modos de Produção	31
CAPÍTULO 5	Modo de Produção Primitivo	33
CAPÍTULO 6	Modo de Produção Escravista	37
CAPÍTULO 7	Modo de Produção Asiático	43
CAPÍTULO 8	Modo de Produção Feudal	53

CAPÍTULO 9	Modo de Produção Capitalista..	63
CAPÍTULO 10	Modo de Produção Socialista....	75
CAPÍTULO 11	Do socialismo ao imperialismo..	81
EPÍLOGO	Socialismo real: equívocos e desafios	89
APÊNDICE	Declaração Universal dos Direitos Humanos — *Versão Popular*	105
REFERÊNCIAS...		107

SIGLAS

a.C.	antes de Cristo
EUA	Estados Unidos da América
FGV	Fundação Getúlio Vargas
IBGE	Instituto Brasileiro de Geografia e Estatística
PSU	Partido Socialista Unificado
RDA	República Democrática da Alemanha

INTRODUÇÃO

Por que este livro agora? Na verdade, a primeira versão é de 1985, ao findar a ditadura militar que durou 21 anos. Anderson Fernandes Dias, então proprietário da Editora Ática, me propôs escrever um livro de OSPB (Organização Social e Política Brasileira), disciplina obrigatória no ensino médio, cujo conteúdo estivesse na contramão de todas as outras obras daquela matéria imposta pelo regime golpista.

Todas eram, sem exceção, verdadeiras cartilhas do mais arraigado conservadorismo, embora a proposta de ensino de OSPB tivesse sido apresentada por um educador de esquerda, Anísio Teixeira, em 1962, durante o governo João Goulart. Considerava importante introduzir a juventude no conhecimento das instituições nacionais, da estrutura do Estado, no conteúdo da Constituição, nos processos democráticos, e nos direitos políticos e deveres dos cidadãos. Inspirou-se na *Instrução Cívica* francesa e no *American Government* estadunidense.

O editor queria que eu entregasse os originais em 30 dias... Para cumprir tão curto prazo impus certas condições, pois precisava de completo isolamento e de um assessor que percorresse bibliotecas e arquivos para as pesquisas, já que na época não havia a facilidade do Google.

Cumpri o prazo e o livro *OSPB — Introdução à Política Brasileira* foi editado. Vendeu, em oito anos, cerca de 800 mil exemplares. Adotado inclusive em faculdades e cursos de educação popular, provocou, entretanto, a fúria de setores direitistas. Em Pelotas (RS), pais protestaram contra os colégios que o adotaram e, na capital paulista, o prefeito Jânio Quadros tratou de proibi-lo nas escolas municipais.

Em 1991, o governo Collor se empenhou, sem sucesso, em revogar o Decreto-Lei n° 869, que instituíra a obrigatoriedade da matéria nas escolas. Revogação que, afinal, ocorreu em junho de 1993, quando o deputado federal Delfim Netto, ex-ministro da ditadura, propôs a seus colegas na Câmara dos Deputados assinarem a retirada da disciplina dos currículos escolares em caráter de urgência, com certeza por saber que seu conteúdo passara a ser abordado em uma ótica progressista. E a revogação abriria espaço a disciplinas que não conscientizam estudantes.

Até líderes de partidos de esquerda assinaram a proposta... Um deles, mais tarde, me admitiu nem ter ideia da existência de minha versão de OSPB, convencido de que todas refletiam a ideologia do período ditatorial.

Meu livro foi banido das escolas e caiu no ostracismo, embora ainda hoje eu encontre quem me diga que, quando jovem, adquiriu consciência crítica e postura progressista graças a ele.

Como neste ano de 2019 o Brasil ingressou, com o governo Bolsonaro, em novo período de obscurantismo, decidi atualizar a parte inicial do meu OSPB para atender a movimentos populares empenhados na formação de militantes, justamente a que explica, em linguagem popular, a análise marxista da sociedade. Acrescentei à obra outros textos, como o que trata da utilidade atual do marxismo, e um balanço do que significou o socialismo real. Finalizei com a minha versão popular da *Declaração Universal dos Direitos Humanos*.

A Cortez Editora se interessou pela obra e, agora, faz chegá-la às mãos dos leitores. Espero que seja também utilizada em grupos de educação popular, trabalhos de base, sindicatos e movimentos sociais. E sirva para despertar a visão crítica da sociedade capitalista e o protagonismo político progressista, contribuindo assim para formar militantes viciados em utopia libertária.

Frei Betto

1

"O MARXISMO NÃO É MAIS ÚTIL?"

O papa Bento XVI tem razão: o marxismo não é mais útil. Sim, o marxismo conforme muitos na Igreja Católica o entendem: uma ideologia ateísta, que justificou os crimes de Stalin e as barbaridades da revolução cultural chinesa. Aceitar que o marxismo conforme a ótica de Ratzinger é o mesmo marxismo conforme a ótica de Marx seria como identificar catolicismo com Inquisição. Poder-se-ia dizer hoje: o catolicismo não é mais útil. Porque já não se justifica enviar mulheres tidas como bruxas à fogueira nem torturar suspeitos de heresia.

Ora, felizmente o catolicismo não pode ser identificado com a Inquisição, nem com a pedofilia de padres e bispos.

Do mesmo modo, o marxismo não se confunde com os marxistas que o utilizaram para disseminar o medo, o terror, e sufocar a liberdade religiosa. Há que se voltar a Marx para saber o que é marxismo; assim como há que se retornar aos Evangelhos e a Jesus para saber o que é cristianismo, e a Francisco de Assis para saber o que é catolicismo.

Ao longo da história...

- em nome das mais belas palavras foram cometidos os mais horrendos crimes;
- em nome da democracia, os EUA se apoderaram de Porto Rico e da base cubana de Guantánamo;
- em nome do progresso, países da Europa Ocidental colonizaram povos africanos e deixaram ali um rastro de miséria;
- em nome da liberdade, a rainha Vitória, do Reino Unido, promoveu na China a devastadora Guerra do Ópio;
- em nome da paz, a Casa Branca cometeu o mais ousado e genocida ato terrorista de toda a história: as bombas atômicas sobre as populações de Hiroshima e Nagasaki;

- em nome da liberdade, os EUA implantaram, em quase toda a América Latina, ditaduras sanguinárias ao longo de três décadas (1960-1980).

O marxismo é um método de análise da realidade. E, mais do que nunca, útil para se compreender a atual crise do capitalismo. O capitalismo, sim, já não é útil, pois

- promoveu a mais acentuada desigualdade social entre a população do mundo;
- apoderou-se de riquezas naturais de outros povos;
- desenvolveu sua face imperialista e monopolista;
- centrou o equilíbrio do mundo em arsenais nucleares; e
- disseminou a ideologia neoliberal, que reduz o ser humano a mero consumista submisso aos encantos da mercadoria.

Hoje, o capitalismo é hegemônico no mundo. E de pouco mais de 7 bilhões de pessoas que habitam o planeta, 4 bilhões vivem abaixo da linha da pobreza, e 1,2 bilhão padecem fome crônica. O capitalismo fracassou para dois terços da humanidade que não têm acesso a uma vida digna.

- Enquanto o cristianismo e o marxismo valorizam a solidariedade, o capitalismo propõe a competição;
- Enquanto o cristianismo e o marxismo valorizam a cooperação, o capitalismo propõe a concorrência;
- Enquanto o cristianismo e o marxismo valorizam o respeito à soberania dos povos, o capitalismo propõe a globocolonização.

A religião não é um método de análise da realidade. O marxismo não é uma religião. A luz que a fé projeta sobre a realidade é, queira ou não o Vaticano, sempre mediatizada por uma ideologia. A ideologia neoliberal, que identifica capitalismo e democracia, hoje impera na consciência de muitos cristãos e os impede de perceber que o capitalismo é intrinsecamente perverso. A Igreja Católica, muitas vezes, é conivente com o capitalismo porque este a cobre de privilégios e lhe franqueia uma liberdade que é negada, pela pobreza, a milhões de seres humanos.

Ora, já está provado que o capitalismo não assegura um futuro digno para a humanidade. Bento XVI o admitiu, e o Papa Francisco o reitera, ao afirmar que devemos buscar novos modelos. O marxismo, ao analisar as contradições e insuficiências do capitalismo, nos abre uma porta de esperança a uma sociedade que os católicos, na celebração eucarística, caracterizam como o mundo em que todos haverão de "partilhar os bens da Terra e os frutos do trabalho humano". A isso Marx chamou de socialismo.

O arcebispo católico de Munique, Reinhard Marx, lançou, em 2011, um livro intitulado *O Capital — um legado a favor da humanidade*. A capa contém as mesmas cores e fontes gráficas da primeira edição de *O Capital*, de Karl Marx, publicada em Hamburgo, em 1867. "Marx não está morto e é preciso levá-lo a sério", disse o prelado por ocasião do lançamento da obra. "Há que se confrontar com a obra de Karl Marx, que nos ajuda a entender as teorias da acumulação capitalista e o mercantilismo. Isso não significa deixar-se atrair pelas aberrações e atrocidades cometidas em seu nome no século 20."

O autor do novo *O Capital*, nomeado cardeal por Bento XVI em novembro de 2010, qualifica de "sociais-éticos" os princípios defendidos em seu livro, critica o capitalismo neoliberal, qualifica a especulação de "selvagem" e "pecado", e advoga que a economia precisa ser redesenhada segundo normas éticas de uma nova ordem econômica e política. "As regras do jogo devem ter qualidade ética. Nesse sentido, a doutrina social da Igreja é crítica frente ao capitalismo", afirma o arcebispo.

O livro se inicia com uma carta de Reinhard Marx a Karl Marx, a quem chama de "querido homônimo", falecido em 1883. Roga-lhe reconhecer agora seu equívoco quanto à inexistência de Deus. O que sugere, nas entrelinhas, que o autor de *O Manifesto Comunista* se encontra entre os que, do outro lado da vida, desfrutam da visão beatífica de Deus.

2

COMO A SOCIEDADE APARECE AOS NOSSOS OLHOS

Joca, Tamiko, Uala e Luciana conversam à porta do colégio:

— Houve um assalto no ônibus que me trouxe — conta Joca. — Entrou um rapaz malvestido e apontou uma arma para os passageiros. Roubou carteiras, celulares e relógios, saiu pela porta de trás e deu no pé. O pior é que a polícia, ao chegar, quis implicar comigo só porque sou negro. Afinal, se convenceu de que sou estudante e não bandido.

— Ainda bem que não corro esses riscos — comenta Luciana, aliviada. — O chofer do papai é quem me traz à escola. E lá em casa tem guardas e alarmes nas janelas.

— Eu não tenho grana, nem medo — diz Uala. — Nossa reserva indígena, na periferia da cidade, é muito pobre; já nos roubaram quase toda a terra que tínhamos...

Tamiko pergunta à Luciana:

— Por que você, de família rica, estuda em escola pública?

— Porque papai estudou em escola pública e acredita que aqui o ensino ainda é melhor.

Esse bate-papo mostra que a sociedade em que vivemos é multirracial: o negro Joca, a branca Luciana, o índio Uala e Tamiko, filha de japonês e francesa. Mostra também que a sociedade brasileira é desigual. Existem pessoas ricas, como a família de Luciana; pessoas de classe média, como a família de Tamiko; pessoas remediadas, como Joca, que é filho de zelador de prédio; pessoas pobres, como Uala, que mora em uma reserva indígena; e pessoas miseráveis, como o assaltante de ônibus.

Divisão da renda nacional

Vamos ver agora como a riqueza produzida no Brasil é distribuída entre nossa população:

- Em 2018, o Brasil era o 9º país mais desigual do mundo, e o mais desigual da América Latina.
- A parcela de 1% mais rica da população se apropriava de mais de 25% da renda nacional. E a soma da riqueza dos 5% mais ricos era igual à soma da riqueza dos demais 95% da população.
- 80% da população brasileira — 165 milhões de pessoas — sobreviviam com uma renda inferior a dois salários mínimos por mês (R$ 1.996).
- 0,1% da parcela mais rica concentrava em suas mãos 48% de toda a riqueza nacional. E os 10% mais ricos ficavam com 74% da riqueza nacional. E 50% da população — 104 milhões de brasileiros(as) — dividiam entre si 3% da riqueza do país.
- O Brasil é o país mais violento do mundo. Em 2017 foram registrados 63 mil assassinatos. A principal causa da violência é a desigualdade social. (Oded Grajew. Os pobres não vão poder se aposentar. *Folha de S. Paulo*, 02/01/2019, p. 3).

Conclusão: a cada ano os pobres ficam mais pobres e os ricos mais ricos.

VOCÊ SABIA?

- Em 2017, 10,95% da população brasileira sobreviviam com renda inferior a R$ 233.
- De cada 100 brasileiros(as), 85 viviam nas cidades.
- Entre 2014 e 2017, a pobreza aumentou de 8,32% para 11,18%.
- São 3 milhões e 300 mil o número de jovens, de idade entre 15 e 19 anos, que não se encontram na escola nem em um emprego. São os chamados "nem nem".
- Metade das crianças de 7 a 9 anos de idade não consegue escrever a palavra 'pipoca'. Em 2015, a evasão do ensino fundamental foi de 3,81% e, do ensino médio, 12,3%.

(*Fonte*: Relatório Oxfam, 2018).

Desigualdade social: fatalidade ou política

Após mostrar os dados citados anteriormente, o professor pergunta:

— O que acham dessa situação social?

Luciana: Sempre haverá ricos e pobres.

Uala: Cada um deve se conformar com a sua sorte. Na natureza, nem os animais são iguais: uns são mais espertos e mais fortes do que outros.

Joca: Não acredito que a desigualdade seja uma fatalidade do destino.

Tamiko: Meu pai acha que só fica pobre quem tem preguiça de trabalhar.

O professor retoma a palavra:

— Muitos dizem: "O mundo sempre foi assim"; "Não tem jeito de mudar". Mas pergunto ao Uala: quando sua tribo morava unida na Amazônia, alguém passava fome?

— Não. Lá tudo era de todos. Ninguém passava necessidade.

Todos os fiéis viviam unidos e tinham tudo em comum. Vendiam as suas propriedades e os seus bens, e dividiam por todos, segundo a necessidade de cada um.

Atos dos Apóstolos, capítulo 2, versículos 44 e 45.

3

COMO FUNCIONA A SOCIEDADE

— Veja, Luciana, o Sol está subindo e daqui a pouco estará no centro do céu.

— Ora, Uala, não é o Sol que sobe, é a Terra que gira. As coisas nem sempre são como parecem; quando estudamos Ciências, percebemos logo que as coisas não são como percebidas pelos nossos sentidos.

— Na minha tribo, o Sol é o coração do céu.

— Temos o costume de dizer que "o Sol nasce". — observou Tamiko.

De fato, a humanidade, durante séculos, confiou em suas impressões a respeito da natureza. Até que dois cientistas, Nicolau Copérnico (1473-1543) e Galileu Galilei (1564-1642), provaram cientificamente que o Sol é uma estrela em torno da qual giram vários planetas, entre eles a Terra. Cada vez que a Terra dá uma volta em torno de seu próprio eixo, é um dia. Cada vez que ela contorna o Sol, são 365 dias, um ano, portanto.

O processo de produção: o que é e para que serve

Assim como a humanidade acreditou, durante séculos, em suas impressões sobre a natureza, ainda hoje muitos confiam em suas impressões sobre a sociedade. Por isso, afirmam que "sempre haverá ricos e pobres", que "cada um deve se conformar com a sua sorte", que "pobre tem preguiça de trabalhar". Parece que é assim. Porém, vejamos: o que permite que Luciana, Tamiko, Joca e Uala estejam na escola, apesar da diferença social entre eles? É a saúde. Se estivessem doentes, ou se tivessem morrido na infância por desnutrição, não estariam na escola. Mas de onde vem a saúde, essencial à vida de cada um de nós? Especialmente de uma boa alimentação. E será que no Brasil todo mundo come bem?

Com a crise econômica iniciada em 2014, em 2018 mais de 13 milhões de pessoas não tinham condições de consumir as 2.240 calorias mínimas diárias — quer dizer, não ingeriam o mínimo necessário para matar a fome e ter saúde —, sendo que os trabalhadores braçais devem ingerir, por dia, 3.500 calorias. (*Fonte:* IBGE). A fome tem endereço certo: negros, nordestinos, habitantes da zona rural e das periferias das grandes cidades. (*Fonte:* FGV).

Embora possa parecer o contrário, não há falta de alimentos no Brasil: prova disso são as prateleiras dos supermercados abarrotadas de produtos. E o nosso país se destaca como um dos principais em produção agropecuária. O que acontece é que os alimentos são caros e o povo não tem dinheiro. Chegamos agora à origem da questão: os alimentos são caros e o povo não tem dinheiro por causa do *processo de produção.*

Para entender isso melhor, vamos ver o que é *processo de produção.*

Os primeiros humanos que apareceram na face da Terra não conheciam o processo de produção. Viviam graças à economia extrativa: recolhiam da natureza o que necessitavam para viver. Pescavam, apanhavam frutas e legumes, caçavam animais que lhes forneciam carne, gordura, peles e ossos para fabricarem pequenos instrumentos de trabalho. Aos poucos, ficou difícil encontrar recursos na natureza. Era preciso produzi-los. Então, homens e mulheres passaram a cultivar a terra para produzir verduras, frutas, legumes e grãos; a criar animais para obter carne, peles e ovos; a cortar árvores para construírem casas e canoas. Assim, pelo trabalho, homens e mulheres transformavam a natureza e impulsionavam a produção dos bens materiais necessários à sua existência.

Sem produção não há vida. Sem comida e bebida, o padre não celebra, o presidente não governa o país, o ator não representa o seu papel, o trabalhador não produz. Pelo trabalho, homens e mulheres estabelecem relações entre si, relações sociais. Porém, ao longo da história, a humanidade encontrou várias maneiras de produzir bens, conhecidas como *modos de produção*.

4

OS MODOS DE PRODUÇÃO

— Luciana, o que é história?

— Ora, Joca, que pergunta mais boba! História é a matéria de escola que nos ensina datas e acontecimentos importantes da vida da humanidade.

— Minha tribo tem história. — interveio Uala.
— Uma longa história de lutas e sofrimentos. A história da minha tribo é parte da história do Brasil quando chegaram as caravelas, comandadas por Pedro Álvares Cabral, em 1500. Hoje, somos cerca de 1 milhão de indígenas.

O professor Carlos interferiu:

— Pois é, Uala, a história é fruto de nosso trabalho e de nossas lutas. São os homens e mulheres que fazem a história. Mas ela não se divide por datas importantes. As grandes mudanças na história ocorrem quando as pessoas mudam o *modo* de produzir os bens materiais necessários à vida.

Luciana olhou intrigada:

— E há vários modos de produção?

— Sim. Na história da humanidade temos como principais modos de produção: o Primitivo, o Escravista, o Asiático, o Feudal, o Capitalista e o Socialista — completou o professor.

5

MODO DE PRODUÇÃO PRIMITIVO

Como vimos, no início da humanidade homens e mulheres extraíam da natureza os bens necessários à vida. Evitavam matar os pequenos animais trazidos e criados pelas crianças da tribo: assim surgiram os animais domésticos. Descobriu-se que o leite da vaca fazia muito bem à saúde, desse modo nasceu a *pecuária*.

As mulheres recolhiam as frutas, enquanto os homens caçavam. As sementes que caíam perto da casa faziam surgir novos pés de frutas. Viram, pois, que podiam semear e teriam o alimento próximo ao local de moradia: nascia a *agricultura.*

Da necessidade de se ter áreas reservadas às pastagens e à agricultura surge a posse da terra. Antes as tribos eram nômades, ou seja, andavam de um lugar a outro à procura de alimentos. Com a posse da terra tornaram-se sedentárias, fixadas em um só lugar. Todos trabalhavam e produziam o indispensável para viver. Não havia desigualdade entre elas. Tudo era comum — daí porque também se diz que viviam no Modo de Produção Comunista. Todos participavam da defesa da tribo. Eram considerados chefes os que tinham mais experiência e conhecimento.

A VIDA ENTRE OS ESQUIMÓS

Entre os esquimós Igluik há uma regra que diz caber a um homem idoso, que goza de respeito dos outros, decidir em que momento é preciso deslocar-se para outro centro de caça, quando se começa a caçar, quando se alimentam os cães etc. Chamam-lhe *isumaitoq* (aquele que pensa). Nem sempre é o mais velho, mas é um idoso, caçador astucioso, ou exerce grande poder como chefe de uma vasta família. Não se é obrigado a seguir os seus conselhos. Mas as pessoas em geral o seguem,

> em parte porque se baseiam na sua experiência, e em parte porque convém manter boas relações com ele.
>
> Jean Copans e outros. *Antropologia — ciência das sociedades primitivas?*. Citado em: BARBOSA, Leila Maria A.; MANGABEIRA, Wilma. *A incrível história dos homens e suas relações sociais*. Petrópolis: Vozes, 1982, p. 38-9.

Causas da desigualdade social e produção excedente

Nos primeiros tempos, todos eram iguais, tinham os mesmos direitos e deveres. A primeira divisão social do trabalho surgiu entre os homens e as mulheres. Os homens não têm as exigências da gravidez nem da amamentação das crianças. Por isso, podiam distanciar-se da tribo para caçar. As mulheres tinham de ficar em casa cuidando das crianças e, portanto, das tarefas domésticas.

Com a introdução da pecuária e da agricultura, as comunidades primitivas começaram a produzir *mais do que necessitavam para o seu consumo*. Essa produção a mais se chama *excedente*, que vem do termo excesso. Entre os índios, por exemplo, as divisões sociais começaram quando apareceu o excedente. Essa "sobra" permitiu que alguns índios — como chefes, feiticeiros, guerreiros — deixassem de trabalhar, formando uma casta à parte. Ao mesmo tempo, esses índios que viviam à custa do trabalho do resto da tribo passaram a se apropriar da produção excedente: nasceu, desse modo, a *propriedade privada*.

A desigualdade começa quando na comunidade primitiva se estabelece a divisão entre famílias proprietárias e não proprietárias. Surgem, pois, as *classes sociais*. Surge também a luta de classes quando os proprietários procuram aumentar suas posses ao impedir que os demais tenham bens e ameacem as propriedades dos mais ricos.

6

MODO DE PRODUÇÃO ESCRAVISTA

— Joca, por que a sua pele é negra? — quer saber Tamiko.

— Sou descendente de negros, que vieram para o Brasil como escravos. Nossos antepassados foram caçados na África como animais pelos ingleses, depois pelos portugueses, para trabalhar aqui na lavoura e na extração do ouro. Vieram cerca de 4 milhões de negros, em navios negreiros.

— E os escravos não ganhavam nada pelo trabalho? — pergunta Luciana.

— Ganhavam três pês: pão, panos e pau. Resistimos e, na medida do possível, preservamos as nossas religiões, como o candomblé; as nossas artes, como a capoeira; os nossos ritos, como a congada. Os que conseguiram fugir da senzala formavam os quilombos, dos quais o mais famoso foi o de Palmares, em Alagoas, liderado por Zumbi.

— Quando terminou a escravidão no Brasil? — quer saber Uala.

— Oficialmente em 1888. O Brasil foi o último país das três Américas a abolir a escravidão. Infelizmente, proibiram os negros de se tornarem proprietários de terras. De escravos, passaram a assalariados nas lavouras e nas fábricas.

— E há muitos negros no Brasil? — indaga Tamiko.

— Dos 208 milhões de brasileiros, pouco mais de 104 milhões são negros ou pardos (*Fonte:* IBGE, Censo 2010).

Como funcionava a sociedade escravista

Além de existir regime de trabalho escravo nos períodos colonial e imperial da história do Brasil, a sociedade escravista predominou na Antiguidade. No início, as tribos da comunidade primitiva ambicionavam as melhores terras das tribos vizinhas. Havia guerras e os vencidos eram mortos. Alguns guerreiros vencedores chegavam a comer a carne de valentes guerreiros vencidos — era a prática do canibalismo. Com o tempo, os vencedores descobriram que era vantagem deixar vivos os vencidos; assim, teriam trabalhadores forçados, os escravos. Estes produziam o necessário para si e para seus senhores. Portanto, a escravidão só surgiu quando o processo de produção já tinha condições de gerar o excedente.

Para o senhor, o escravo era uma coisa como outra qualquer: um objeto que produzia riquezas. A única obrigação que o senhor tinha para com o escravo era a de alimentá-lo para que não perdesse a saúde.

A CAÇA AOS AFRICANOS

Para os nativos da África — o berço da humanidade, segundo estudos recentes — a chegada dos portugueses significava destruição. Eles, tidos como inferiores, foram capturados e forçados a trabalhar nos canaviais plantados nas ilhas do Atlântico. E desde 1441 começaram a ser levados para Portugal. Um século depois, o flamengo

> Nicolaus Cleunaerst faz esta observação sobre o Reino Ibérico: "Tudo ali pulula de escravos; todos os trabalhos são executados por negros e mouros cativos, dos quais Portugal está tão cheio que, segundo creio, existem em Lisboa mais escravos e escravas dessa espécie do que portugueses livres."
>
> Citado em: ALENCAR, Francisco; CARPI, Lúcia; RIBEIRO, Marcus Venício. *História da sociedade brasileira*. Rio de Janeiro: Ao Livro Técnico, 1979, p. 9.

De nada valia um escravo doente. O escravo era tratado como hoje se trata o gado de raça, com todo o cuidado para não perder sua capacidade de produzir riquezas. Acentuou-se na sociedade a divisão de classes: uma minoria (os senhores) explorava o trabalho da maioria (os escravos).

Os senhores eram donos da *força de trabalho* (os escravos), dos *meios de produção* (terras, gado, minas), dos *instrumentos de trabalho* (ferramentas, enxadas, carroças) e do *produto* do trabalho. Os escravos não eram donos de nada, nem do próprio corpo.

Para garantir essa exploração sobre os escravos, os senhores necessitavam de um poder especial capaz de lhes fornecer os meios jurídicos e militares para assegurar a desigualdade social. Foi, então, que surgiu o *Estado*. As leis do Estado garantiam aos senhores o direito de explorar os escravos; o exército defendia o país contra agressões externas e também os senhores — que controlavam o Estado — contra as revoltas dos escravos.

> Nas comunidades primitivas, onde tudo era de todos, não havia Estado, que só passou a existir quando alguns homens começaram a dominar os outros. Surgiu para garantir os interesses dos mais fortes.

VOCÊ SABIA?

- O berço da *democracia* (que significa 'governo do povo') foi a cidade de Atenas, na Grécia dos séculos 6 e 5 a.C. Contudo, a democracia lá não era tão democrática como se pensa. Os 2.000 cidadãos livres, que se entregavam a longas discussões políticas e filosóficas, viviam à custa do trabalho de 400.000 escravos.

- A Palestina do tempo de Jesus era dominada pelo Império Romano. Com exceção da Palestina, em todas as regiões do Império o processo produtivo dependia basicamente do trabalho escravo.

- Onde predomina a escravidão não avançam as *forças produtivas*, como a tecnologia. Para o escravo, tanto faz colher, em um dia, cem ou quinhentos pés de café. Como ele não tem salário e nenhuma outra recompensa pelo seu trabalho, falta o estímulo para aumentar a produção. Em longo prazo, o modo de produção escravista atrasa o avanço da história humana.

- Os senhores de escravos preferiram entregar os anéis a perder os dedos. Começaram a libertá-los e a permitir que explorassem a terra, sem direito de se tornarem proprietários, e de modo a ficarem com pequena parcela do produto, destinando o restante ao dono da terra. Nascia, aos poucos, o Modo de Produção Feudal (que abordaremos depois de descrever o Modo de Produção Asiático).

7

MODO DE PRODUÇÃO ASIÁTICO

O Modo de Produção Asiático, como todos os modos de produção, não existiu apenas *em um momento da história*. Cada modo de produção pode ter existido em *épocas e lugares diferentes*.

O Modo de Produção Primitivo existiu nos primeiros tempos da humanidade e também entre os índios, quando ainda não tinham encontrado os brancos.

Da mesma forma, o Modo de Produção Escravista predominou na Grécia de antes de Cristo, no Império Romano do tempo de Cristo, e também no Brasil, dos séculos 16 a 19.

O Modo de Produção Asiático predominou em locais e momentos históricos diferentes: na China, na Índia, no reino etrusco (atual Itália), na Europa de antes de Cristo, entre os incas do Peru e também na África do século 19.

Um exemplo: o Egito antigo

O Egito é um grande deserto cortado pelo Rio Nilo. Para aproveitar bem as terras férteis perto do rio, os egípcios tinham que evitar as cheias que alagavam as plantações. Construíram, então, uma rede de canais de drenagem e irrigação. Não podia, porém, ser obra de cada pequena família de agricultores. Foi preciso criar uma instituição política capaz de organizar e centralizar esse trabalho: o Estado controlado por um rei, o faraó. Isso aconteceu por volta de 3.000 a.C.

As instituições políticas, como o Estado, refletem os interesses econômicos existentes na sociedade. Em geral, o modo pelo qual homens e mulheres se organizam para produzir os bens necessários à vida (modo de produção) determina a forma de organização política adotada por cada sociedade.

Uma característica do Modo de Produção Asiático encontrada também no Egito é que as comunidades agrícolas não eram proprietárias de terras. Não havia propriedade privada. As terras pertenciam ao Estado, que racionalizava o sistema de produção. Graças a essa racionalização, nem todos os trabalhadores precisavam produzir alimentos, pois havia o excedente da produção. Esse excedente permitia que muitos trabalhassem em obras de irrigação, na construção de túmulos suntuosos (como as famosas pirâmides do Egito) e que integrassem o exército. Alguns povos estrangeiros que viviam no Egito eram tratados pelo Estado como escravos. Assim teria ocorrido com os hebreus no tempo de Moisés, cerca de 1.200 a.C. (tudo indica que o dado de hebreus escravos no Egito é mítico).

A TIRANIA DO EGITO
SOBRE O POVO HEBREU

Subiu ao trono do Egito um novo rei (...). Ele disse ao seu povo: "Vede: os israelitas tornaram-se mais numerosos e mais fortes do que nós. Vamos! Precisamos tomar medidas contra eles e impedir que se multipliquem, para não acontecer que, sobrevindo uma guerra, se unam com os nossos inimigos, combatam contra nós e se retirem do país". Estabeleceu sobre eles feitores, para sobrecarregá-los de trabalhos penosos: eles construíram para o faraó as cidades de Pitom e Ramsés, que deviam servir de entreposto. Quanto mais os subjugavam, tanto mais eles se multiplicavam e se espalhavam, a ponto de os egípcios os aborrecerem. Impunham-lhes a mais dura servidão e amarguravam-lhes a vida com duros trabalhos na argamassa e na fabricação de tijolos, bem como com toda sorte de trabalhos nos campos e todas as tarefas que se lhes impunham tiranicamente.

Livro do Êxodo, capítulo 1, versículos 1 a 14.

A força do poder teocrático

Os meninos se encontram reunidos na lanchonete, quando entra o professor Carlos.

— Professor! — diz Joca. — Precisamos de sua ajuda.

— Pois não, Joca.

— Estávamos lendo sobre a vida no Egito antigo, e ficamos com uma dúvida: o que dava ao Estado tanto poder?

— O Estado, Joca, era o faraó, como nas antigas monarquias o Estado era o rei. Seu poder não era propriamente econômico, embora fosse dono de todo o país. Também não era um poder propriamente político, apesar da identificação entre Estado e faraó.

Luciana pergunta, intrigada:

— Então de onde vinha todo esse poder econômico e político?

— Vinha do poder *ideológico*, ou seja, da ideia plantada na cabeça do povo de que o faraó era deus. Se ele era deus, então tudo era dele, a terra e o povo. — explica o professor.

— Um poder nada democrático. — comenta Uala.

— Ao contrário, era um poder *teocrático*. — explica Carlos. — *Teo* quer dizer "deus". Um poder divino. De fato, o faraó era uma pessoa de carne e osso como outra qualquer. Mas ideologicamente estava revestido de caráter divino: um ser sacralizado. E sabia muito bem manipular essa ideia plantada na cabeça do povo. Dizia-se filho do Sol, o deus Ra; quase não se mostrava em público; ao mostrar-se, cobria-se de joias e símbolos sagrados; era ele quem dirigia toda a religião dos egípcios e mandava construir os templos.

VOCÊ SABE O QUE É IDEOLOGIA?

Ideologia é um conjunto de ideias que temos na cabeça. Ideias políticas, morais, estéticas, religiosas etc. Todo mundo tem ideologia. Mas nem todos sabem ou admitem que a têm. A ideologia é como os óculos que ficam na frente de nossos olhos. Quem usa óculos enxerga melhor as coisas quando os têm diante dos olhos. Mas não enxerga os próprios óculos. Assim é a ideologia: em geral, não temos consciência da ideologia plantada em nossa cabeça.

Quem planta essa ideologia em nossa cabeça? A educação familiar, a escola, a televisão, as redes digitais, os jornais, a moda, o cinema, a Igreja etc. Como essas instituições em uma sociedade desigual são, em geral, controladas pela classe mais poderosa, a ideologia predominante nessa sociedade costuma ser a da classe que detém o poder. Por isso, há moradores da favela que, conformados, acreditam que sempre haverá ricos e pobres.

A ideologia produz em nós uma escala de valores e um modo de agir. Em uma sociedade desigual, em geral a ideologia encobre a realidade e nos faz pensar, por exemplo, que a miséria do Nordeste é fruto da fatalidade ecológica da seca ou que a inflação é um balão de oxigênio com vida própria, e que nem os mais competentes economistas conseguem dominar. Há, porém, uma ideologia que ajuda a *des-cobrir* a realidade,

> fazendo-nos vê-la assim como um mecânico vê um carro: por dentro, conhecendo toda a engrenagem e os mecanismos de funcionamento. Essa ideologia — *ideologia dos oprimidos* — é temida pelos opressores.

A estrutura social no Modo de Produção Asiático

A estrutura social do Egito antigo era como uma escada, bem hierarquizada. Começava lá embaixo, pelo camponês, obrigado a entregar ao Estado o excedente do que produzia, e pelos escravos, que faziam trabalhos forçados. Esse excedente permitia que um grupo de homens se dedicasse à defesa sem precisar produzir: constituíam o exército. Outro grupo cercava o faraó, cuidando de reforçar o caráter religioso da ideologia dominante: os sacerdotes. A religião era fundamental para manter essa estrutura de poder. Quem se atreveria a conspirar contra o próprio deus-faraó?

Vimos que no Modo de Produção Escravista quase não havia avanço da técnica de produção, dos recursos produtivos, enfim, das *forças produtivas*. Essa foi uma *contradição interna* que fez ruir o edifício do Modo de Produção Escravista. No Modo de Produção Asiático, a contradição interna era o alto custo da manutenção dos setores improdutivos da sociedade (guerreiros, sacerdotes, funcionários da corte) e da edificação de obras suntuosas (palácios, templos e túmulos reais).

AS CONTRADIÇÕES DO MODO DE PRODUÇÃO ASIÁTICO

Um dos aspectos mais negativos desta forma de organização da sociedade era o seu custo, representado pela manutenção dos sacerdotes, a edificação de templos e, principalmente, das tumbas reais (pirâmides). Tudo isso consumia a parcela maior do excedente produzido pela sociedade inteira.

Avalia-se que a construção da pirâmide de Quéops tenha ocupado 100 mil trabalhadores durante cerca de vinte anos! Só a alimentação e vestimenta de toda essa gente devem ter absorvido a capacidade de produção de excedentes de cerca de três milhões de camponeses! Os sacerdotes não eram o único grupo que compunha a parte privilegiada da sociedade. A seu lado desfilavam os nobres, os funcionários e os guerreiros.

Citado em: BARBOSA, Leila Maria A.; MANGABEIRA, Wilma C. *A incrível história dos homens e suas relações sociais*. Petrópolis: Vozes, 1982, p. 95.

O grande edifício do Modo de Produção Asiático ruiu por vários fatores: apropriação privada da terra pelas famílias nobres (início do Modo de Produção Feudal); invasões estrangeiras (caso dos impérios Inca e Asteca na América Latina); militarização do Estado (por causa das frequentes guerras); a divindade do rei (caso dos hebreus no Egito) etc.

8

MODO DE PRODUÇÃO FEUDAL

Joca, Luciana, Uala e Tamiko foram fazer um passeio no sítio do professor Carlos.

— Outro dia, na lanchonete, estávamos conversando sobre o Egito e o Modo de Produção Asiático. Lembram-se? — pergunta o professor.
— Vocês sabiam que existiu, na Europa, o Modo de Produção Feudal?

— É da época dos feudos, professor? — perguntou Uala.

— Isso mesmo! Feudo era a propriedade rural onde havia o castelo, as oficinas dos artesãos, as estrebarias, os pastos e as terras trabalhadas pelos servos do senhor feudal. Logo que o Império Romano e as sociedades escravistas entraram em decadência, seus domínios passaram a ser ocupados pelos *bárbaros*, ou seja, todos aqueles povos que não eram romanos, como os francos e os germanos. Os reis tiveram que ceder porções de terra aos chefes militares. Essas terras ficaram conhecidas como feudos.

— Por isso os chefes eram chamados de senhores feudais? — pergunta Luciana.

— Sim, esses senhores eram donos de tudo que havia em suas terras: castelos, casas, plantações, gado, estradas e pontes. E sob o pretexto de dar proteção a seus servos mandavam neles.

— Quando começou esse modo de produção?

— Já predominava na Europa no século quinto depois de Cristo. Durou até os séculos 15 e 16. Abrangeu, pois, todo o período conhecido como *Idade Média*.

A sociedade feudal

A sociedade feudal dividia-se em: senhores feudais (que exploravam o trabalho dos servos) e servos. Estes não eram como os escravos: donos de suas vidas, trabalhavam a terra para si. Eram obrigados, porém, a entregar ao senhor feudal uma parte do que produziam; e durante três dias por semana trabalhavam de graça nas terras do senhor. Cuidavam ainda da conservação de estradas, pontes e castelos. Em caso de guerra, formavam o exército do feudo e eram chamados de *peões* (porque iam a pé).

Os senhores feudais tinham o *poder econômico* porque eram os donos das terras, ou porque as tinham arrendado dos condes que, por sua vez, as arrendavam dos duques, que as arrendavam dos reis... Os servos trabalhavam para sustentar toda essa hierarquia da nobreza. Os senhores feudais detinham também o *poder político*, porque faziam as leis do feudo e obrigavam os servos a observá-las. Além disso, em caso de guerra, eles chefiavam as tropas. Essas leis não permitiam que o senhor matasse ou vendesse o servo, como se fazia com o escravo; nem que o servo fosse separado de sua família. Mas impediam o servo e a família de abandonarem as terras do feudo em que viviam.

Os senhores feudais tinham ainda o *poder ideológico*, graças à estreita ligação com o maior poder político e espiritual da época: a Igreja, que chegou a ser proprietária de dois terços das terras da Europa. Era a grande "senhora feudal". Os mosteiros medievais eram enormes feudos, repletos de servos. Como todos eram católicos, e a Igreja pregava que a autoridade dos reis e dos nobres vinha de Deus, o grande edifício feudal tinha na religião o seu cimento.

Como os servos tiravam para si e sua família uma parte do que produziam, sentiam-se estimulados a aumentar a produção. Quase tudo era produzido dentro do próprio feudo: nos campos, a agricultura e a pecuária forneciam os alimentos; nas oficinas, os artesãos fabricavam móveis, roupas, carroças, enxadas, armas etc. Fora do feudo buscava-se pouca coisa: sal, ferro, os tecidos mais finos. Não era costume comprar, havia troca de mercadorias.

Nesse período da Idade Média surgiram a navegação à vela, a bússola, a imprensa, a pólvora, as lentes de aumento, os moinhos e o relógio mecânico. Essas invenções facilitaram o comércio do Ocidente com o Oriente, que fornecia pimenta-do-reino, canela, açúcar, seda e outras especiarias consideradas de grande valor na Europa. Isso incentivou as navegações.

Itália, Espanha e Portugal promoviam grandes expedições marítimas para buscar riquezas no Oriente, especialmente nas costas da África, da Índia e da China. Os primeiros navios (ou caravelas, como eram conhecidos na época) aportaram cheios de produtos agropecuários para serem trocados por perfumes, tecidos, ouro e ferro. Em seguida, chegaram repletos de canhões e soldados. Invadiram as cidades, saquearam as riquezas, mataram quem resistiu. Assim, imensas fortunas foram levadas para a Europa e serviram para ampliar os castelos e erguer as catedrais.

Nessa busca do caminho das Índias é que o navegador genovês Cristóvão Colombo, sob o patrocínio dos reis da Espanha, chegou à América em 1492 (primeiro aos territórios onde ficam hoje Bahamas, Cuba, Haiti e República Dominicana). Mais tarde, em 1500, chegaram às costas brasileiras as caravelas comandadas por Pedro Álvares Cabral. Como pensaram haver encontrado o caminho das Índias, chamaram de *índios* os habitantes dessas terras.

Como o capitalismo nasceu das contradições do feudalismo

Bonifácio era filho de um servo feudal e conseguira um bom pedaço de terra para assegurar a manutenção de sua família. Além de produzir para o consumo próprio — o que se chama *economia de subsistência* —, Bonifácio, para não perder a terra, era obrigado a produzir para o senhor feudal e para a Igreja, pois como bom cristão obedecia a exigência eclesiástica de destinar 10% de sua produção (o dízimo) à Igreja.

Na terra de Bonifácio produzia-se quase todo o necessário para a sua família sobreviver: trigo, leite, gordura, legumes, frutas e verduras; carne de gado, carneiro, galinha e pato; lã para tecer roupas e cobertores etc. Um produto que Bonifácio não podia extrair da terra, mas fundamental era o sal, precioso para conservação (pois não existia geladeira) e tempero dos alimentos.

Aos sábados, Bonifácio deixava sua terra e se dirigia a um entroncamento de estradas, onde vários servos e artesãos se encontravam para trocar mercadorias: ferro por toucinho, canela por maçãs, lã por perfumes. Bonifácio trocava cobertores de lã, tecidos por suas filhas, por sal vindo do litoral.

Esse lugar onde se encontravam tais mercadores era conhecido como *mercado* ou *burgo*. Aos poucos, os que ali se instalaram para administrar as transações comerciais e delas tirar alguma vantagem passaram a ser conhecidos como *burgueses*.

Como Bonifácio podia saber que um quilo de sal equivalia a dois cobertores? Ora, a lei que permitia esse cálculo é ainda válida e, de certo modo, universal:

> *O valor de uma mercadoria é igual ao tempo necessário para produzi-la.*

Isto quer dizer que uma pequena pedra de diamante, do tamanho de um botão de camisa, vale tanto quanto um automóvel novo, porque o tempo necessário para se obter o diamante é o mesmo para se fabricar o carro. Em outras palavras, o custo dos investimentos feitos no garimpo e na lapidação do diamante, uma pedra rara, equivale ao custo dos investimentos feitos na fabricação do carro.

Porém, em um sábado, Bonifácio chegou ao burgo para trocar seus cobertores por sal, mas Joaquim, o homem do sal, não apareceu. Bonifácio já pensava em retornar com a sua mercadoria, quando alguém lhe propôs:

— Troque isso por moedas. Esses cobertores certamente valerão duas moedas de prata.

Bonifácio viu logo que era mais fácil carregar duas moedas no bolso que os cobertores nas costas. Assim, a relação: M = M (mercadoria = mercadoria) passou para a relação M = D = M (mercadoria = dinheiro = mercadoria).

Com a introdução da moeda, as mercadorias, que antes tinham apenas *valor de uso*, passaram a ter agora *valor de troca*. As pessoas começaram a fazer comércio de mercadorias, não porque necessitavam dos produtos, mas visando lucro. Criou-se então a relação D = M = D (dinheiro = mercadoria = dinheiro). E, apesar das proibições da Igreja, quem emprestava dinheiro passou a cobrar juros, a fazer dinheiro com o empréstimo de dinheiro.

A vida foi ficando apertada para Bonifácio. Seu senhor feudal queria cada vez mais produtos. A Igreja reclamava que ele não pagava em dia o dízimo. Cada vez que ia à cidade, tinha de atravessar outros feudos, e esses senhores o obrigavam a pagar uma taxa pelo uso de suas estradas: o *pedágio*.

Um dia, Bonifácio chegou à cidade dos burgueses, como fazia todos os sábados, e teve uma surpresa ao encontrar Joaquim. Este lhe disse:

— Amigo, agora é um quilo de sal por cinco cobertores, ou nada feito.

Como trocar tantos cobertores por tão pouco sal?, pensou ele. Seria muita desvantagem. Mas o que mais espantou Bonifácio foi ver um homem aproximar-se da banca de Joaquim e trocar cinco cobertores por um quilo de sal. Será que aquele sujeito não tinha consciência do prejuízo que estava levando? Bonifácio aproximou-se da banca de Joaquim. Olhou bem os cobertores e reparou algo espantoso: não eram tecidos à mão, e sim por uma máquina chamada tear! Os artesãos começavam a inventar novos *meios de produção*. Nascia uma nova era na história da humanidade: a da Revolução Industrial! Uma máquina podia fazer, em poucas horas, produtos que artesanalmente não se fabricavam em uma semana! A produção em série barateava o custo do produto e, portanto, seu preço no mercado.

Desde que terminou o Modo de Produção Primitivo, todos os homens necessitavam, para sobreviver, estabelecer *relações de mercado*. Bonifácio, para poder comprar sal para conservar a carne, ferro para fazer arados, perfumes para suas filhas, açúcar para adoçar o leite, tinha que ter dinheiro. E para ter dinheiro ele necessitava vender no mercado alguma coisa. No início, vendia cobertores. Depois, passou a vender seus animais, a carroça, as enxadas, enfim, as coisas que tinha em casa. Até que o senhor feudal decidiu que as terras cultivadas por Bonifácio deveriam ser incluídas na reserva de caça do feudo e expulsou dali Bonifácio e sua família.

Sem terra, sem produtos para vender, sem nada para oferecer no mercado, como Bonifácio faria para obter os bens necessários à sua sobrevivência? Afinal, ainda hoje todos nós temos que *vender algo no mercado* para conseguir dinheiro que nos permita comprar as coisas. O médico *vende* seus conhecimentos terapêuticos para obter os recursos necessários à sua sobrevivência. O artista *vende* seu talento para comprar o pão de cada dia. O professor *vende* seus conhecimentos aos alunos, que, com a matrícula e a mensalidade, pagam por esse "produto". Até os padres *vendem* seus serviços religiosos e, de alguma forma, são pagos, permitindo que sobrevivam dessa atividade, sem precisar procurar outro emprego. Na sociedade, há os que vendem *bens materiais* (arroz, mandioca, carros, motos, casas etc.) e os que vendem *bens simbólicos* (arte, religião, política etc.). Ora, o que Bonifácio, desempregado e sem bens, poderia vender para sobreviver?

Ao chegar à cidade, ele teve uma ideia: bater à porta daquele sujeito que inventara o tear. Lá foi ele à pequena fábrica de cobertores. Quando o ex-artesão, agora pequeno industrial, abriu a porta, Bonifácio lhe disse:

— Meu caro, venho oferecer-lhe, em troca de um salário, minha força de trabalho, os músculos dos meus braços e a agilidade da minha mente.

Nesse dia aconteceu algo importante na história da humanidade: *a classe operária*, integrada por homens e mulheres que alugam sua força de trabalho aos donos de capital. Com ela, surgiu o Modo de Produção Capitalista.

9

MODO DE PRODUÇÃO CAPITALISTA

Os quatro amigos foram fazer compras.

— Todas as vezes em que venho ao supermercado, noto que os preços subiram. — diz Tamiko.

— No Brasil, tanta gente passa fome. — comenta Joca. — Porque os salários sobem pela escada e os preços pelo elevador...

— E por que não dão um pouco desses alimentos aos pobres? — indaga Uala.

— Porque estamos no sistema capitalista. — responde Luciana.

— E o que tem a ver esse sistema com a falta de comida na mesa do povo? — reage Uala.

Joca intervém:

— O professor Carlos me explicou que, no capitalismo, como o próprio nome indica, o que manda é o *capital*, o dinheiro. Ninguém produz alimentos pensando na fome do povo. Eles são produzidos porque dão lucro, aumentam o capital de quem investe na agricultura. E quem investe capital quer investir o menos possível. Porém, uma empresa agropecuária precisa gastar com adubos, máquinas, energia elétrica etc. Para economizar e aumentar sua margem de lucros, a empresa procura contratar a mão de obra mais barata possível. Quanto menor os salários dos trabalhadores, maiores os ganhos do patrão.

— Quer dizer que, no capitalismo, o capital fala mais alto do que o trabalho? — pergunta Tamiko.

— Exatamente! O trabalho está em função do aumento de volume do capital. — diz Joca.

Como funciona o capitalismo

O Brasil é um país integrado no sistema capitalista. Aparentemente, nesse sistema predomina a "livre iniciativa", a "livre concorrência", de modo que todos possam ter a chance de se tornar ricos, ou seja, proprietários de capital. Capital não é só dinheiro aplicado no mercado financeiro. São considerados capitalistas todos os proprietários de *meios de produção* (terras, minas, usinas, imóveis), os donos de bancos e de empresas urbanas e rurais. Eles formam a chamada *burguesia*.

De fato, o capitalismo não oferece as mesmas oportunidades a todos. É como um grande funil de cabeça para baixo. Ou uma enorme pirâmide. No pico estreito estão os *donos do capital*, a pequena minoria que controla as grandes riquezas. No meio está a *classe média*, os profissionais liberais, conhecidos também pelo nome de pequena burguesia, pois nela se incluem os pequenos proprietários. O grande e largo alicerce é integrado pelos *trabalhadores*, os assalariados da cidade e da zona rural, que só dispõem de sua força de trabalho.

Dentro do capitalismo não se investe no que é necessário à população. Investe-se no que dá lucro. Uma empresa que dispõe de milhões de dólares e poderia criar uma grande cooperativa capaz de dar empregos a muitos brasileiros, prefere investir em um rodeio ou em uma exposição de gado, por acreditar no retorno mais fácil e mais rápido de grandes lucros. Em um país como o Brasil, tão necessitado de tratores, investe-se muito mais na fabricação de carros de luxo. São mais fáceis de vender para consumidores ricos e, portanto, proporcionam maiores lucros. Apesar de o nosso país ter as maiores vias fluviais do mundo e energia hidrelétrica em abundância, o sistema capitalista impede o Brasil de explorar a navegação fluvial e construir ferrovias; assim, somos obrigados a comprar petróleo e seus derivados, pois dependemos quase exclusivamente do transporte mais caro, o rodoviário.

No capitalismo, os grandes produtores de riquezas são os trabalhadores da cidade e do campo. Se param de trabalhar não há riquezas, não há bens necessários à vida, como aconteceu por ocasião da greve dos caminhoneiros, em maio de 2018. No entanto, são os que menos ganham. Por que trabalham tanto (oito a dez horas por dia), ganham tão pouco (dos 208 milhões de brasileiros, mais de 100 milhões sobrevivem com renda mensal inferior a 1 salário mínimo) e não se revoltam? O que faz com que a maioria (trabalhadores) não se rebele contra a minoria (patrões)?

Para assegurar a defesa de seus interesses econômicos, os donos do capital controlam as outras três esferas da sociedade: a *política*, a *jurídica* e a *ideológica*.

Na *esfera jurídica*, procuram aprovar leis que defendam os interesses do capital e impeçam que

FREI BETTO

os trabalhadores prejudiquem esses interesses. A lei proíbe, como crime contra o patrimônio, que uma família da favela ocupe as terras improdutivas de um grande latifúndio e se instale em 1 hectare! No entanto, outras leis possibilitaram que um grande capitalista estadunidense, Daniel Ludwig, adquirisse, no Pará, em 1967, uma extensão de terra de 6 milhões de hectares! Para se ter uma ideia do tamanho desse latifúndio, basta dizer que todo o Estado de São Paulo tem 20 milhões de hectares.

Além dessas forças políticas e jurídicas, a pirâmide capitalista conta ainda com uma esfera muito poderosa: *a ideológica*. Ela planta na cabeça das pessoas que a desigualdade social é um fenômeno natural e irreversível. Torna o pobre conformado com a sua situação e tira da consciência do rico qualquer preocupação com a realidade da população carente. Enfim, *a ideologia nos ensina a pensar de acordo com os interesses dominantes e aceitar a pirâmide assim como ela é*. Para a ideologia dominante, pensar diferente é sinal de subversão...

WALT DISNEY: O CATECISMO CAPITALISTA

As revistas e os filmes de Walt Disney — o criador da Disneylândia e da Disneyworld — são como livrinhos de catecismo que ensinam a crer no capitalismo. Cada personagem reflete uma posição social, de modo que o jovem leitor possa se identificar com um deles, conformando-se com a sua situação.

O velho Patinhas é um milhardário pão-duro (cuja riqueza enorme, em função da qual ele vive, ninguém sabe de onde veio). Sua ambição por dinheiro é tão desenfreada que, com frequência, ele organiza expedições a terras longínquas, auxiliado por Donald e seus sobrinhos, a fim de tomar as riquezas de outros povos e aumentar as suas. Em geral, esses povos que habitam as terras distantes se parecem com os povos do Terceiro Mundo, sobretudo conosco, latino-americanos. Muitas vezes são índios. Assim, a criança vai aprendendo que o progresso e a riqueza exigem que os poderosos tomem o que pertence aos povos originários...

Mas nem todo mundo nasce Patinhas. Muitos (pelo menos os que têm dinheiro para comprar revistas) são de classe média, como Donald, um pato sempre inconformado com sua situação remediada, mas trabalhador. Só não se revolta porque o bom senso de Huguinho, Zezinho e Luisinho, seus sobrinhos, ensina que, na vida, quem não tem dinheiro se vira com o *Manual dos Escoteiros*, cheio de soluções para dificuldades e imprevistos... Alguns têm sorte e podem viver como milionários, como ocorre com Gastão. Outros são excelentes cidadãos, defensores da lei e da ordem, como Mickey, sempre disposto a colaborar com o coronel Cintra quando as forças do crime aparecem. Por isso, apesar de tantas artimanhas, os Irmãos Metralha nos ensinam que o crime não compensa...

A exploração capitalista

Muita gente pensa que a riqueza dos donos do capital vem do alto preço de venda de seus produtos no mercado. Não é verdade. O que torna o dono do capital rico é a *mais-valia*. O que é isso?

Lúcio, pai de Luciana, é proprietário de uma fábrica de sapatos. Quando a fábrica começou, havia apenas 10 operários trabalhando oito horas por dia. Em um mês, aqueles dez trabalhadores produziam 1.000 pares de sapatos. Cada par era vendido por R$ 300 (300 × 1.000 = R$ 300 mil).

Ora, nesses R$ 300 mil nem tudo era lucro para Lúcio. Ele tinha de subtrair muitas despesas feitas para produzir os sapatos: a compra das matérias-primas (couro, cola, pregos etc.), o desgaste das máquinas, a energia elétrica, a manutenção da fábrica etc. Ou seja, de cada par de sapatos, Lúcio descontava R$ 100 para cobrir ou repor as despesas feitas. A cada mês — quando eram produzidos 1.000 pares — ele descontava R$ 100 mil. Portanto, ficava com R$ 200 mil, no total, ou R$ 200 em cada par vendido.

E os salários dos 10 operários? Se, dos R$ 300 mil, R$ 100 mil eram para repor os investimentos e restavam R$ 200 mil, então é certo que cada operário produziu R$ 20 mil (200.000 ÷ 10 = 20.000).

Porém, o salário de cada um dos 10 operários era de R$ 2 mil. Cada operário contribuía para produzir 20 mil e ganhava 2 mil. Para onde iam os outros 18 mil? Para onde ia esse mais-valor (mais--valia) produzido pelo trabalho dos operários? Ia direto para a conta bancária do patrão.

Em outras palavras: do valor produzido — R$ 200 mil — uma parte (20 mil) era dividida entre os 10 operários que produziam esse valor. E o restante (R$ 180 mil) era embolsado pelo dono do capital.

Lúcio aluga por mês a força de trabalho dos 10 operários. Essa força de trabalho produz, em horas de trabalho, o equivalente ao salário que recebe no fim do mês e *um valor a mais* (mais-valia) que é apropriado pelo patrão (sem considerar os R$ 100 mil que Lúcio ganha todo mês para repor o que investiu).

Podemos entender a mais-valia de outro modo. Se cada um dos 10 operários recebe no fim do mês o salário de R$ 2 mil, então é certo que cada operário recebe, por dia de trabalho (20 dias, descontados os sábados e domingos) R$ 100. Considerando que cada operário, ao final do mês, produziu o valor de R$ 20 mil, cada um deles produz, por dia, R$ 1.000. No entanto, só ganha R$ 100. Divididos os R$ 1.000 pelas 8 horas de trabalho diário, vemos que, em cada hora, o operário produz R$ 125.

Agora preste atenção: se cada operário recebe por dia R$ 100 e produz por hora R$ 125, em apenas 1 hora de trabalho ele produz o valor equivalente ao salário de 8 horas! Fica claro: de fato, o patrão faz os operários trabalharem 8 horas por dia, mas só paga pouco menos de 1 hora. As outras 7 horas *os operários trabalham de graça para o patrão*. Isso é a mais-valia, a fonte de riqueza dos donos do capital que exploram o trabalho alheio.

Graças a essa mais-valia, o pai de Luciana ficou cada vez mais rico, ampliou suas fábricas, vendeu calçados para o exterior, adquiriu uma mansão e contratou um motorista. O mesmo não aconteceu com seus empregados, que trabalhavam *gratuitamente* para ele 7 horas por dia!

Hoje, um recurso mais utilizado pelas empresas para aumentar a mais-valia é obrigar os empregados a fazer *horas extras*. Muitos trabalham 10 horas por dia (e ganham duas ou três horas apenas). Por outro lado, ao fazer hora extra, o trabalhador, sem saber, está tirando o emprego de outro. Se ninguém fizesse hora extra, o desemprego seria menor.

Outro jeito de aumentar a mais-valia é introduzir inovações tecnológicas no processo de produção: equipamentos eletrônicos e robôs nas indústrias;

tratores e colhedeiras automáticas na agricultura. Assim, menos trabalhadores produzem mais em menos horas. Com a vantagem de que a máquina não reclama, não faz greve, não participa de sindicatos, não fica grávida...

Etapas do capitalismo

Carlos levou a classe para visitar uma fábrica de automóveis, em São Bernardo do Campo (SP). Ao saírem, quando o ônibus passava em frente a várias indústrias da região, o professor disse:

— Vou contar-lhes um pouco da história do Modo de Produção Capitalista. Ele nasceu com a Revolução Industrial do século 18, na Inglaterra, que era a grande potência mundial da época. Dizia-se que no Império Britânico o Sol jamais se punha... Isso porque era sempre dia em algumas das inúmeras colônias que a Inglaterra tinha pelo mundo afora.

O capitalismo passou por várias etapas em sua história. No início, predominou a chamada "livre concorrência", ou seja, um capitalista competia com o outro. O fabricante de enxadas procurava vender enxadas melhores e mais baratas que o seu

FREI BETTO

concorrente. Aos poucos, surgiu o *capitalismo monopolista* (monopólio significa "propriedade de um só"). As grandes empresas levaram à falência as pequenas. A empresa que tinha monopólio de um produto passava a impor suas condições ao mercado. No Brasil, por exemplo, o sistema bancário é monopolizado por cinco grandes bancos: dois públicos (Banco do Brasil e Caixa Econômica Federal) e três privados (Bradesco, Itaú e Santander).

Hoje predomina no mundo o *capitalismo rentista*. É mais lucrativo botar dinheiro no cassino global (paraísos fiscais, Bolsas de Valores, aplicações bancárias, atividades especulativas etc.) do que destinar o dinheiro à produção. É isso que explica a gritante desigualdade entre a população mundial.

> "Hoje, o 1% mais rico é dono de metade da riqueza do mundo. Ainda mais alarmante, as 100 pessoas mais ricas possuem juntas mais do que as 4 bilhões mais pobres." (*21 Lições para o século 21*. HARARI, Yuval Noah. São Paulo: Companhia das Letras, 2018, p. 104).

10

MODO DE PRODUÇÃO SOCIALISTA

No capitalismo, a economia visa, em primeiro lugar, o lucro individual. No socialismo, a economia visa, primeiro, os interesses sociais. O Modo de Produção Socialista predominava nos chamados "países comunistas": União Soviética, China, Iugoslávia, Albânia etc. Na América Latina, há um único país que passou do Modo de Produção Capitalista para o Socialista: Cuba.

Há uma diferença entre socialismo e comunismo. No socialismo, a organização social procura atender às necessidades básicas da população, como educação, saúde, emprego, moradia etc. Mas continuam a existir diferenças sociais entre as pessoas, salários desiguais, e o Estado controla, em favor da maioria do povo, a economia e a política, bem como os meios de formação e difusão ideológicas.

O comunismo é a etapa posterior ao socialismo. No comunismo, não haveria diferenças sociais entre as pessoas e nem mesmo existiria o Estado. Todo o povo se autogovernaria, através de organizações populares. Enquanto no socialismo *cada um recebe segundo sua capacidade* (quem produz mais, ganha mais), no comunismo *cada um receberia segundo sua necessidade.*

Características básicas do socialismo

Os países socialistas não formavam um conjunto hegemônico, ou seja, não eram iguais em tudo. Eram diferentes, tanto do ponto de vista do desenvolvimento econômico quanto na forma de organização de suas instituições políticas. No que se refere ao setor produtivo daqueles países, é bom lembrar que, na agricultura, uma parte significativa originava-se das propriedades particulares ainda existentes. Embora muitas vezes com área menor que a controlada diretamente pelo Estado, essas propriedades particulares apresentavam em geral uma produtividade maior.

Quanto às relações sociais existentes nas sociedades socialistas, é verdade que foram abolidas as classes sociais tais como se apresentam nas sociedades capitalistas. O que não significa que todos os problemas tenham sido resolvidos. Ao contrário, se o socialismo solucionou problemas sociais básicos — educação, saúde, pleno emprego, condições de moradia dignas, baixo índice de mortalidade infantil, aumento da expectativa de vida, fim da discriminação racial — criou também muitos problemas que ameaçaram a sua continuidade, como: burocracia do Estado, necessidade de prêmios para estimular o trabalho, gastos excessivos de certos países com a corrida armamentista, preconceitos em relação à religião e à homossexualidade, corrupção etc.

Na então União Soviética, o socialismo não soube assegurar uma verdadeira democracia. E na China se transformou em capitalismo de Estado. Somente Cuba resistiu ao burocratismo e às seduções de uma economia de mercado na qual a competitividade fala mais alto do que a solidariedade.

Em uma autêntica sociedade socialista, não haverá separação entre donos do capital e donos da força de trabalho. Não haverá mais proprietários privados dos *meios de produção* (indústrias, grandes extensões de terra, usinas, minas, bancos etc.). Todos os meios de produção serão controlados pelo Estado popular.

Deverá continuar existindo a pequena propriedade rural, de caráter privado ou em regime de cooperativa, bem como serviços como padaria, barbearia, oficinas de artesanato, alfaiataria, sorveteria etc. As pessoas serão também proprietárias dos bens individuais: carros, obras de arte, eletrodomésticos etc.

Não existindo diferença entre donos do capital e assalariados, *não haverá classes sociais,* embora permaneçam diferenças sociais entre, por exemplo, trabalhadores manuais e trabalhadores intelectuais.

A economia segue uma planificação global voltada aos interesses coletivos. A produção visa a atender as necessidades básicas da população, e não o lucro de empresas.

O *excedente* produzido pelo trabalho do povo é recolhido pelo Estado e *devolvido* à população na forma de benefícios sociais: educação e atendimento médico gratuitos, alimentos básicos baratos (subsidiados pelo Estado), prática de esporte para todos, aluguéis proporcionais aos salários etc.

Nesse tipo de sociedade, ninguém pode explorar o trabalho de outra pessoa.

VANTAGENS DA ECONOMIA PLANIFICADA

Nas comunidades primitivas, o conjunto da aldeia decidia antecipadamente sobre as questões da produção. Na sociedade socialista, ocorre um processo semelhante, embora muito mais complexo: a *planificação econômica global*. As decisões a respeito da produção (produzir o quê, quanto, como, onde, quando etc.) são *decisões sociais*, concretizadas através do Estado socialista.

Assim, os órgãos econômicos e estatísticos do Estado socialista se empenham em *recolher dados sobre as necessidades* do conjunto da população. De posse desses dados é feito um *plano econômico* para a produção por um determinado tempo, de acordo com as possibilidades das forças produtivas naquele momento. Em cada plano são estabelecidas algumas *prioridades*. Deste modo, a atividade econômica deve *atender primeiro as necessidades básicas* da população, para só depois voltar-se para a produção do que é apenas conveniente, ou mesmo supérfluo. Evidentemente, os órgãos econômicos estatais planejam não apenas a produção, como também a continuidade e o aperfeiçoamento do processo produtivo e a formação dos fundos de reserva.

As principais *consequências práticas* desta economia planificada são: a eliminação das crises cíclicas da superprodução, o acelerado desenvolvimento das forças produtivas e a elevação do padrão de vida do conjunto da população. Sobre este último ponto, deve-se dizer que o socialismo elimina rapidamente os aspectos mais desumanos que herda da sociedade capitalista: miséria, fome, desemprego, favelas e cortiços, prostituição, elevado índice de criminalidade, analfabetismo, crianças e velhos abandonados, desamparo na doença etc. Aos poucos, melhora também para o conjunto da população o atendimento das necessidades básicas: alimentação, vestuário, moradia, saúde, educação, transporte e lazer (repare que *lazer* é considerado necessidade básica). Também melhoram as condições de trabalho: jornada menor, segurança, salubridade, férias etc.

Noções básicas de economia política, Caderno de Formação n. 5, 13 de maio — São Paulo, NEP, s/d, p. 54-55.

11

DO SOCIALISMO AO IMPERIALISMO

Os grandes países capitalistas, no início do século 20, tratavam outros países como *suas colônias*. A Inglaterra dominou Uganda, Gana, Rodésia (hoje Zimbabwe), África do Sul, Índia, Austrália etc. A França dominou a Argélia e o Marrocos, entre outros. Os EUA dominaram Porto Rico e tomaram do México, em 1847, os atuais estados do Texas, da Califórnia e do Novo México.

A relação entre metrópole e colônia se dava da seguinte maneira:

- A metrópole detinha a direção política e econômica da colônia;
- A colônia fornecia produtos agrícolas e matérias-primas à metrópole, e era proibida de ter indústrias próprias;
- A colônia só podia comprar produtos industrializados do país que a dominava;
- Quem decidia os preços dos produtos exportados e importados pela colônia era a metrópole.

Os povos de muitas colônias começaram a se revoltar. Queriam a independência e o direito de determinar seus destinos. As potências colonialistas passaram a investir muito dinheiro na indústria bélica e no transporte e manutenção de tropas nas colônias. Mesmo assim, o anseio de libertação dos povos demonstrou ser mais forte que a força militar das metrópoles.

Surge, então, uma nova fase do capitalismo: *o imperialismo.*

A diferença entre o colonialismo e a nova etapa imperialista é que a dominação se faz principalmente através da dependência econômica. Os países desenvolvidos exportam capital para os subdesenvolvidos e, na forma de juros ou lucros, recuperam duas ou três vezes mais do que investem.

A forma mais sofisticada de exploração imperialista dá-se hoje por meio das multinacionais e do controle da tecnologia que elas exercem.

COCA-COLA: PEQUENA HISTÓRIA DE UMA GRANDE MULTINACIONAL

O refrigerante vendido em mais de 200 países surgiu em 1886, na farmácia de John Pemberton, em Atlanta, EUA. Ele inventara um remédio para dor de cabeça e distúrbios do sistema nervoso. Como o governo proibiu que fosse usado como medicamento, então o xarope passou a ser consumido como refrigerante.

O segredo da Coca-Cola está na fórmula de seu xarope, conhecida por no máximo dez pessoas. A matriz estadunidense concede o direito de uso do xarope (importado de Atlanta) e do nome da firma, desde que os engarrafadores de todo o mundo respeitem as regras ditadas por ela — inclusive o desenho da garrafa — e paguem à Coca-Cola 15,7% do produto das vendas por atacado. De seus lucros, a matriz tira 5% para gastar em apoio publicitário e promocional nos diversos países.

Em 1977, o governo da Índia nacionalizou a Coca-Cola, denunciando que a comercialização do misterioso xarope proporcionava à multinacional lucros de até 400%. Em 25 anos de atividade, a empresa investira apenas 100 mil dólares na Índia, e levara para os EUA lucros no valor de 12 milhões de dólares!

A Coca-Cola chegou ao Brasil em 1939. O xarope foi examinado em laboratórios, mas não se conseguiu descobrir sua fórmula. Verificou-se, porém, que contém aditivos químicos prejudiciais à saúde. O principal é o ácido fosfórico, que se mistura ao cálcio existente no organismo humano. Tal combinação faz com que o organismo ponha para fora o cálcio, tão importante à saúde na forma de fosfato de cálcio. Essa descalcificação produz enfraquecimento dos ossos, especialmente dos dentes em formação.

Pesquisa realizada pela Universidade de São Paulo, em 1968, comprovou que ratos alimentados com Coca-Cola apresentavam deficiência congênita na segunda geração de filhos — seus ossos partiam com facilidade.

Apesar das conclusões dos laboratórios, em 1939 Getúlio Vargas baixou um decreto facilitando a entrada do produto no país. Apenas o consumidor ficava avisado de que o registro do produto é *falso*, pois nem o governo conhece sua verdadeira fórmula. Por isso, toda garrafa de Coca-Cola no Brasil trazia, anos atrás, sob o nome do refrigerante: *marca registrada de fantasia*. "De fantasia" é um eufemismo para dizer que não é verdadeiro, que o registro é falso.

(Fontes: *Revista Exame*, 21/3/1984;
Retrato do Brasil, v. 1, p. 175-177).

Como funciona uma multinacional

Multinacional é a empresa que diversifica sua atividade produtiva por várias nações. Exemplos: indústrias automotoras, como a Volkswagen, a Fiat, a Ford; alimentícias, com a Nestlé e a Coca-Cola; de eletrodomésticos, como a Philips; de bebidas, como a Ambev etc.

Antigamente, o brasileiro que quisesse comprar um carro Ford tinha que importá-lo dos EUA. Agora, a Fiat já não precisa gastar em transporte marítimo para trazer seus automóveis ao Brasil, pois instalou uma fábrica em Betim (MG). Ao instalar fábricas nos países subdesenvolvidos, como o Brasil, as multinacionais obtêm as seguintes vantagens:

- Vendem seus produtos onde são produzidos, sem gastar em transporte internacional;
- Pagam menos impostos, e ainda recebem subsídios e incentivos fiscais dos nossos governos;
- Contratam mão de obra muito mais barata que em seus países de origem (o operário da Fiat no Brasil ganha dez vezes menos que o operário da Fiat na Itália);
- Adquirem matérias-primas a preços baixos no país onde se instalaram;

- Monopolizam o mercado, controlando-o, pois acabam com a concorrência das pequenas e médias empresas nacionais.

A educação no Modo de Produção Capitalista

O cientista político Ivo Lesbaupin, em texto de 1975 intitulado *Capitalismo e pessoa humana*, faz uma análise das oportunidades de educação nas sociedades capitalistas, especialmente com relação aos mais pobres. Eis um trecho da análise:

"Chegar às universidades é coisa incomum às camadas pobres. E tudo tem a mesma causa: a exploração do trabalho. Porque o pai de família não ganha o suficiente, a casa não oferece condições para o estudo, a mãe tem que trabalhar, o filho não tem como obter o material escolar e, às vezes, nem mesmo a roupa para a escola. Frequentemente, o filho é forçado a trabalhar para ajudar no orçamento familiar, deixando, consequentemente, de estudar. Mesmo os que, com muito esforço e sacrifício, conseguem chegar às portas da faculdade, têm de enfrentar a concorrência desleal com inúmeros outros que tiveram meios e ambiente para estudar. Pode-se dizer, portanto, que o ensino é seletivo. Formam-se aqueles que têm condições financeiras para tanto.

"Ocorre aquilo a que nos referimos no início: o sistema capitalista, por basear-se na exploração da grande maioria por um pequeno grupo, e por fazer do dinheiro a mola-mestra do seu funcionamento, exclui a população pobre das vantagens da educação.

"Verifica-se um desenvolvimento seletivo, isto é, só se dá em benefício de uma classe. É ela que vai obter boas moradias, bom tratamento médico, bom ensino. A classe explorada se vê cada vez mais relegada. Aqui cabe uma observação: muitos se utilizam de exemplos de pessoas pobres que se esforçaram, estudaram com dificuldade e acabaram por vencer na vida, para dizer que no sistema capitalista todos têm as mesmas oportunidades. A diferença seria que uns se esforçam e por isso ficam ricos, outros não, daí serem pobres.

"A análise da essência do capitalismo mostra que a verdade não é esta. Esses casos são apenas exceções individuais. A classe trabalhadora como um todo nunca se enriquecerá. Os pobres, como conjunto, nunca obterão condições dignas de vida. Só um ou outro pobre, um ou outro trabalhador, consegue individualmente subir e furar o bloqueio que o prende à pobreza."

Vejamos mais alguns dados:

- A verba federal para o Ministério da Educação, em 2018, foi de R$ 3,2 bilhões — 40% menor que a verba de 2017.

- O Brasil abriga, em suas 186 mil escolas, 48,8 milhões de alunos nas redes pública e privada. E 2,2 milhões de professores(as).

- 96,4% das crianças e jovens estão na escola. Mas ainda há 1,5 milhão fora da escola! Entre os jovens, 40,8% não terminam o ensino médio até os 19 anos e 24,1% das crianças não concluem o ensino fundamental. E no fim do ensino fundamental, 66,1% não aprenderam português no nível adequado. No fim do ensino médio, 92,7% não sabem matemática no nível adequado.

- De cada 100 crianças, só 54 sabem ler e escrever entre 8 e 9 anos de idade.

- Enquanto no Brasil os alunos ficam apenas 4,5 horas na escola (exceto as poucas que funcionam em período integral), nos países desenvolvidos a permanência chega a 7 horas por dia.

- O Censo Escolar divulgado no início de 2018 revelou que apenas 54,3% das escolas têm bibliotecas ou salas de leitura; só 11% dispõem de laboratórios de ciências e 47% de acesso à informática.

- 41% das escolas possuem rede de esgotos, 51%, fossas e 3% nem uma coisa nem outra.

- Em 2017, 383 mil jovens de 15 a 17 anos estavam fora do ensino médio. (*Fontes*: IBGE, MEC, *Anuário Brasileiro da Educação Básica*, 2018).

EPÍLOGO

Socialismo real: equívocos e desafios

Encerro transcrevendo abaixo o epílogo de meu livro *Paraíso perdido — viagens ao mundo socialista* (editora Rocco, 2015, 528p.), no qual descrevo 30 anos de visitas a países socialistas:

Em Berlim Oriental, todos concordavam, quando lá estive em 1990, que o socialismo no Leste europeu ruiu muito mais por causa de seus próprios erros internos do que em razão de pressões externas. É claro que se a *perestroika* não estivesse em vigor, as passeatas pela democracia – que ocorriam todas as segundas-feiras nas principais cidades da República Democrática da Alemanha – talvez tivessem sido reprimidas pelos tanques soviéticos, como aconteceu em Budapeste, em 1956, e em Praga, na primavera de 1968.

As mudanças no Leste europeu obrigam a esquerda brasileira, inclusive a teologia da libertação, a revisar sua concepção de socialismo e os fundamentos do marxismo. Não se trata apenas de um esforço teórico para separar o joio do trigo, mas sobretudo de restaurar a esperança dos pobres e abrir um novo horizonte utópico à luta da classe trabalhadora e dos excluídos. Ignorar a profundidade das mudanças é querer tapar o Sol com a peneira e pretender vender gato por lebre. Admitir o fracasso completo do socialismo real é desconhecer suas conquistas sociais — sobretudo quando consideradas do ponto de vista dos países pobres ou em vias de desenvolvimento — e aceitar a hegemonia perene do capitalismo, que reserva a vastas regiões do planeta, como a América Latina, opressão e miséria.

Ainda que o socialismo tenha assegurado reais benefícios sociais à população, reduzindo drasticamente as diferenças de classe e possibilitando a todos o acesso aos bens e serviços essenciais, dois fatores explicam a insatisfação reinante naqueles países: a estatização da economia não permitiu a modernização dos bens de capital, acentuando o atraso científico e tecnológico em relação à Europa Ocidental, e o monopólio do partido único, beneficente e paternalista, inibiu os mecanismos de participação democrática e suprimiu o pluralismo político.

Ao visitar a Assembleia do Povo da RDA, em 7 de outubro de 1989, Mikhail Gorbachev escreveu em seu Livro de Ouro: "Quem chega atrasado é punido pela história." Era uma advertência e, ao mesmo tempo, um empurrão para que o país se abrisse às reformas. O que não se esperava é que a maioria do povo também ajudasse a empurrar, e com uma força que jogaria o país para fora do sistema socialista.

Naquele semestre, a polícia política tentara reprimir os setores oposicionistas interessados na *glasnost* alemã, impedindo que tivessem acesso às salas de reunião. A alternativa foi bater à porta das Igrejas, em especial da luterana, que abriram seus salões à oposição, evitando assim um banho de sangue.

Em 4 de novembro de 1989, uma manifestação convocada por escritores e intelectuais reuniu 500 mil pessoas em Berlim Oriental, um terço da população da cidade. Cinco dias depois, como um rio que transborda e destrói todas as barreiras que encontra pela frente, os manifestantes atravessaram o Muro de Berlim, num gesto simbólico de que queriam uma só cidade, uma só Alemanha e um só sistema — o capitalista.

Os 450 mil soldados soviéticos acantonados na RDA a tudo assistiram sem se mexer. O partido no poder, o PSU, compreendeu que se tratava de uma verdadeira insurreição popular, depois de suas frustradas tentativas de reprimi-la. O todo poderoso

Erich Honecker, no poder há treze anos, foi derrubado e só escapou da prisão devido a graves problemas de saúde.

Os arquivos da polícia secreta foram destruídos e, então, seus 85 mil agentes não sabiam como e onde encontrar um novo emprego. No exame dos papéis do Estado, a oposição encontrou provas de corrupção que levaram doze altos dirigentes políticos à prisão, entre os quais o presidente da União Democrática Cristã, um dos nove partidos que integravam a Frente Nacional, de apoio ao regime.

Descobriu-se ainda que as eleições municipais de 1988 foram fraudadas pelo governo, para assegurar sua hegemonia política. Enquanto se conclamava o povo a suportar uma vida de austeridade como cota de sacrifício ao avanço do socialismo, muitos dirigentes políticos desfrutavam de mordomias acintosas. As restrições impostas à população eram tão grandes que um jovem professor de literatura brasileira, com uma vasta folha de serviços prestados ao regime, jamais obteve permissão para passar para o outro lado de Berlim, a fim de consultar bibliotecas especializadas ou visitar seus três filhos que ali viviam com a mãe.

Embora toda a RDA captasse rádios e TVs da República Federal da Alemanha (RFA), aqueles que tinham o privilégio de viajar ao exterior ou mesmo ir ao lado ocidental de Berlim, na volta tinham suas bagagens severamente examinadas, e livros e revistas eram confiscados.

O argumento de que, apesar das dificuldades, em países socialistas não se encontravam chagas sociais como favelas, desemprego, analfabetismo, prostituição e drogas, nada significava para quem tinha, como referência, o alto grau de desenvolvimento dos EUA e da Europa Ocidental, e não os índices sociais das longínquas África e América Latina. A Europa cada vez mais se fechava sobre si mesma, indiferente aos dramas de outros povos, e tudo indicava que, no futuro, as barreiras alfandegárias, inclusive para turistas, seriam maiores.

Como convencer um jovem de um país socialista de que ele vive numa sociedade sem desigualdades econômicas, dispondo de educação e saúde gratuitas, sem o risco de se aposentar na pobreza, quando seus olhos estão voltados para a exuberância das imagens publicitárias do capitalismo, que lhe prometem riqueza, liberdade e felicidade?

O socialismo não se implantou na maioria dos países do Leste europeu como resultado de uma revolução. Por isso, seus habitantes sempre o encararam como algo que veio de fora para dentro, de cima para baixo, em suma, como uma imposição soviética. E apesar de toda a fraseologia política marxista, a riqueza bateu às portas do outro lado da fronteira, permitindo à República Federal da Alemanha tornar-se um dos principais credores da União Soviética.

Do lado socialista, as catastróficas consequências da planificação centralizada forçaram a redução da oferta de bens e serviços, estimularam o êxodo de profissionais qualificados e favoreceram o crescimento da economia subterrânea. Caso típico é o de agricultores soviéticos que vendiam seus produtos ao Estado, que lhes garantia o preço, e os recompravam no mercado — onde apareciam com preços reduzidos graças aos subsídios estatais — para revendê-los de novo ao Estado.

O retorno do Leste europeu ao sistema capitalista, como resultado da própria mobilização dos trabalhadores, dos jovens, da população em geral, coloca na ordem do dia certas questões de fundo que vão muito além da autocrítica que fazem os ex-dirigentes daqueles países. É certo que estes admitem ter adotado um modelo stalinista que inviabilizou um mínimo de democracia, na qual as diferenças não fossem confundidas com divergências antagônicas e as justas reivindicações com críticas dos inimigos do regime. A polícia tornou-se assim a única "interlocutora" do Estado junto aos setores descontentes, sem que o governo jamais se perguntasse sobre a procedência e a natureza das vozes discordantes e a sua responsabilidade no grau de insatisfação popular.

Porém, não basta reconhecer que a repressão stalinista e a burocracia brejneviana transformaram-se na doença fatal do socialismo europeu. As próprias forças populares dos países socialistas subverteram o regime vigente, questionando a legitimidade dos partidos e governos que se arvoravam em autênticos representantes dos interesses do proletariado. O discurso de que a fartura europeia não passava de uma vitrine que escondia, nos fundos da loja, vasto lixo de misérias, não repercutiu na consciência dos povos do Leste europeu. De fato, a acumulação do capital foi tão assombrosa no Velho Continente, que a Comunidade Econômica Europeia chegou a injetar dinheiro em áreas carentes da Irlanda e da Espanha, para que todos pudessem ter um mínimo de acesso ao mercado de consumo.

Nós, do mundo pobre, poderíamos objetar que pagamos a conta daquele banquete e passamos fome. Entretanto, é insignificante o número de pessoas — inclusive comunistas — que no Leste europeu estavam preocupadas com a sorte dos habitantes das áreas pobres do mundo. Elas se consideravam uma espécie de Terceiro Mundo que necessitava urgente de ajuda econômica e apoio político, e queriam que seus países se transformassem no novo polo de investimentos capitalistas. Como disse o espanhol

Eusébio Cano Pinto, do Parlamento Europeu, "a síndrome do Leste pode significar o atestado de óbito do Terceiro e Quarto Mundos".

Por trás dessa insensibilidade, há uma questão de responsabilidade. O socialismo real europeu não conseguiu despertar em seus povos a consciência revolucionária. Sem dúvida, na esquerda latino-americana houve mais trabalho de politização — através de escolas sindicais e da educação popular — do que na maioria dos países socialistas. Repetiu-se com o socialismo o que já ocorrera com a Igreja. Os primeiros cristãos, vivendo sua fé em condições adversas, tinham um despojamento e um amor comparáveis ao vigor revolucionário de tantos comunistas europeus que, na Segunda Guerra, enfrentaram a brutal repressão nazifascista. O próprio Erich Honecker passou 10 anos preso nas mãos da Gestapo. Um berlinense indignado me dizia não entender como aquele que tanto sofrera se tornara um burocrata despótico. Após ser cooptada pelo imperador Constantino, no século 4, a Igreja acomodou-se todas as vezes que se aproximou do poder.

Da mesma forma, em muitos países socialistas, a consciência revolucionária daqueles antigos militantes transformou-se na lógica da preservação do poder dos novos dirigentes. O marxismo-leninismo deixou de ser uma ferramenta de transformação da história para tornar-se uma espécie de religião

FREI BETTO

secularizada, defendida em sua ortodoxia pelos "sacerdotes" das escolas do Partido e cujos princípios eram ensinados como dogmas inquestionáveis.

No sistema educacional, a ortodoxia virou ortofonia — às portas do século 21 repetiam-se nas salas de aula da RDA, onde o aprendizado do russo era obrigatório, o monismo do manual de Plekhanov, *A concepção materialista da história*, de 1895, e as lições enfadonhas da *História do Partido da União Soviética*, publicada por Stalin, em 1938. Em suma, em nome da mais revolucionária das teorias políticas surgidas na história, ensinava-se a não pensar.

Assim como certos teólogos tridentinos acreditavam que a leitura da *Suma Teológica*, de Santo Tomás de Aquino, era suficiente para se aprender teologia, os ideólogos do Partido diziam que, uma vez aprendida a lição oficial, não se fazia necessário conhecer nenhuma outra corrente filosófica e nem mesmo outros teóricos marxistas. Trotsky, Kautsky, Rosa Luxemburgo, Gramsci eram nomes que suscitavam repulsa. Aprendia-se o marxismo como se hoje um seminarista estudasse a teologia do Concílio de Trento disposto a ignorar toda a história posterior da Igreja, o Concílio Vaticano 2º e a teologia da libertação.

O socialismo não conseguiu resolver o problema da relação entre Estado e sociedade civil. As organizações de massa e os sindicatos eram meras correias de transmissão do Partido. Essa estrutura verticalista inibia a participação dos cidadãos nos destinos do país, exceto daqueles que eram pagos como funcionários da burocracia estatal. Ora, na falta de mecanismos de participação política, de motivações revolucionárias, enfim, do direito de sonhar, a juventude do Leste europeu deixava se inebriar pelas sedutoras imagens do mundo capitalista que chegavam pela TV e pelo cinema. O apelo publicitário capitalista toca diretamente os cinco sentidos, antes que a consciência se dê conta e possa ajuizá-lo. Na falta de um sentido para a vida é inevitável ceder à ambição do consumo — que o socialismo não tinha condições de satisfazer. Sem válvula de escape, a pressão fez a panela explodir.

O diretor da Academia de Ciências não é necessariamente um revolucionário e nem o catedrático de marxismo-leninismo, um homem imune à corrupção. Ninguém ingressa num partido por estar convencido do rigor científico de seu programa. As motivações que levam uma pessoa a aderir à luta política são mais da ordem do imaginário que da razão. Em uma disputa eleitoral, isso fica muito claro. Muitas razões partidárias esbarram no limite de passionais motivações subjetivas, que acirram a concorrência entre os próprios correligionários, trazendo à tona vaidades, ambições pessoais e outros sentimentos que estão longe de serem considerados atributos do homem e da mulher novos.

Se a mera educação conceitual é insuficiente, é preciso se perguntar pela motivação de fundo, que conduz à esfera da ética: qual o sentido de vida do militante? É possível que muitos jamais tenham parado para pensar na resposta. Quando muito, dizem "fazer a revolução" ou "conquistar o socialismo". Mas esse sentido coletivo nem sempre se encontra enraizado numa opção pessoal que determina todo um programa de vida. Nenhum dos teóricos e militantes comunistas que, no Leste europeu, lamentavam o fracasso do socialismo, disse-nos que viria lutar pela revolução na América Latina. Pareciam resignados a aceitarem outras funções na nova ordem capitalista. Teriam sido meros funcionários da burocracia socialista ou eram de fato revolucionários comunistas?

Ora, um estilo de militância oferece certa identidade social ao militante, e todos nós necessitamos de alguma identidade social, seja como executivo de empresa, dirigente sindical ou anarquista. Mas se, no fundo, a ambição pessoal de poder permanece como motivação fundamental, o modo pelo qual o militante agirá será pautado pelo mesmo oportunismo que rege o comportamento do executivo interessado em chegar a diretor. Isso transparece sobretudo naquelas relações que subtraem a projeção do amor e, por sua natureza egoísta, despertam concupiscência: sexo, dinheiro e poder. O imperativo da transgressão é permanentemente seduzido pela possibilidade de agarrar aparentes alternativas na esfera daqueles três símbolos do mais forte dos instintos humanos: a perpetuação da vida. O sexo, como forma de reprodução da própria imagem e da espécie; o dinheiro, como segurança de sobre-vivência; o poder, como redução do limite entre o possível e o desejável — sendo o mais forte dos três, porque assegura os outros dois e imanta aquele que o detém de uma aura sobre-humana, quase divina, que tende a reduzir os que se encontram em volta a meros subalternos.

Evitar que esses meios sejam colocados como fins da ambição pessoal, mesmo em nome de uma causa revolucionária, supõe uma profunda ade-quação da formação intelectual com a formação ética, da práxis com a teoria. O sentido determi-nante que o militante político dá à sua vida pode ser comparado à imagem do aforismo medieval, de que o conhecimento sempre se adéqua àquele que conhece, como o líquido ao formato da garrafa. Do mesmo modo, as mais nobres noções de teoria política sempre se adéquam à subjetividade do educando. Não basta, portanto, trabalhar apenas a qualidade do líquido. É preciso também cuidar da qualidade da garrafa — o que é um desafio ético e pedagógico.

A crise do socialismo real coloca a concepção de democracia no centro do debate do que se entende por socialismo. Em sua crítica a Rousseau, Marx defendia que o advento da verdadeira democracia ocorreria a partir do fim da separação entre a sociedade civil e o Estado — o que implicaria o desaparecimento do Estado e, portanto, da diferença entre governantes e governados. Em suas análises da Comuna de Paris, ele realçou, como elemento essencial à natureza da democracia, o fato de os representantes do povo poderem ser removidos de seus cargos a qualquer momento e estarem sujeitos às instruções formais de seus eleitores. Em *A guerra civil na França*, Marx criticou o sistema representativo de mera delegação de poderes do povo aos políticos (em geral, ligados aos interesses da classe dominante) e propôs a representatividade de classe, que passaria a ser o fundamento da concepção democrática marxista. "Em lugar de decidir uma vez em cada três ou seis anos qual o membro da classe dominante deverá representar mal o povo no parlamento, deveria o sufrágio universal servir ao povo constituído em Comunas (...)."

Portanto, na base do regime político haveria a organização popular em função do interesse de classe. Era o que ele qualificava de "autogoverno dos produtores." As diferenças com o regime representativo — que dissimula a hegemonia da classe detentora do capital no pluripartidarismo interclassista — estariam em superar a distinção de poderes entre legislativo e executivo e concentrar os dois num Estado operativo; estender o sistema eleitoral aos órgãos relativamente autônomos do aparelho estatal, como o exército, o poder judiciário e a burocracia; estabelecer a revogabilidade permanente de qualquer mandato por decisão dos eleitores; e promover a descentralização do Estado em comunas populares.

Baseado nessas ideias de Marx, Lenin propôs, em *O Estado e a Revolução*, os conselhos operários (sovietes). Segundo ele, na sociedade capitalista o centro de decisões desloca-se do Estado para a grande empresa, inviabilizando o regime democrático como inibidor do abuso de poder. Portanto, o controle político não pode ser exercido pelo cidadão abstrato, escondido por trás da massa de eleitores, e sim por aqueles que estão diretamente ligados à produção econômica, os trabalhadores. Estes integrariam os conselhos que, interligados nos vários níveis territoriais e administrativos, formariam uma federação de conselhos que seriam os próprios elos do aparelho estatal.

O fundamental nessa concepção de Lenin é que ela instaura a democracia, não como valor universal — no sentido de se adequar a qualquer sistema econômico — mas como intrínseca ao socialismo. Sua limitação é não considerar a grande massa de excluídos, não produtores, gerados pela opressão econômica e que, em princípio, devem gozar dos mesmos direitos de cidadania.

Nessa direção, não teria sentido falar em "socialismo democrático" senão como redundância retórica ou recurso didático. O socialismo deveria ser democrático por sua própria natureza, já que não desvincula a emancipação econômica da emancipação política de todos os cidadãos, e não apenas da classe trabalhadora que nele exerce hegemonia política. Assim, falar em socialismo deveria significar falar em democracia e vice-versa. No entanto, os desvios do burocratismo e do stalinismo exigem, agora, que se fale em socialismo democrático ou participativo e se defina o seu conteúdo.

No Brasil, a crescente multiplicação de movimentos e organizações populares nos últimos cinquenta anos — Comunidades Eclesiais de Base, sindicatos e núcleos partidários, mulheres, índios e negros, associações de moradores e centros comunitários, movimento dos sem-terra e dos sem-teto etc. — afirma-se como uma práxis que se impõe às novas concepções teóricas, recolhidas especialmente pelo Partido dos Trabalhadores em sua primeira década de existência. Por sua vez, a crise do socialismo real favorece a correção de rumos políticos. Ao menos fica claro por onde não se deve ir. Fortalece-se o consenso de que o projeto democrático passa necessariamente pela autonomia e especificidade de cada um daqueles elos da sociedade civil, hegemonizados pelos interesses da classe trabalhadora. Nesse sentido, o Estado deve ser o resultado da teia de movimentos sociais e políticos. Os conselhos populares, propostos na teoria e difíceis de serem efetivados, podem ser o embrião da soma progressiva da democracia formal com a substancial. Talvez esteja aí o filão e, na dificuldade de explorá-lo, é preciso se perguntar em que medida não se estaria resistindo à democracia e, portanto, inviabilizando o futuro socialista, preferindo-se usufruir do modelo burguês, que concentra nas mãos do eleito o poder de decisão. E enfiar a carapuça do cinismo denunciado por Latzarus, de que "a arte da política nas democracias consiste em fazer crer ao povo que é ele quem governa".

APÊNDICE

Declaração Universal dos Direitos Humanos

Versão Popular

Todos nascemos livres e somos iguais em dignidade e direitos.

Todos temos direito à vida, à liberdade e à segurança pessoal e social.

Todos temos direito de resguardar a casa, a família e a honra.

Todos temos direito ao trabalho digno e bem remunerado.

Todos temos direito a descanso, lazer e férias.

Todos temos direito à saúde e à assistência médica e hospitalar.

Todos temos direito à instrução, à arte e à cultura.

Todos temos direito ao amparo social na infância e na velhice.

Todos temos direito à organização popular, sindical e política.

Todos temos direito de eleger e ser eleitos para as funções de governo.

Todos temos direito à informação verdadeira e correta.

Todos temos direito de ir e vir, mudar de cidade, de estado ou país.

Todos temos direito de não sofrer nenhum tipo de discriminação.

Todos somos iguais perante a lei.

Ninguém pode ser arbitrariamente preso ou privado do direito de defesa.

Toda pessoa é inocente até que a justiça, baseada na lei, prove o contrário.

Todos temos a liberdade de pensar, de nos manifestar, de nos reunir e de crer.

Todos temos o direito ao amor e aos frutos do amor.

Todos temos o dever de respeitar e proteger os direitos da comunidade.

Todos temos o dever de lutar pela conquista e ampliação destes direitos.

REFERÊNCIAS

Obras do Autor:

1. *Cartas da prisão — 1969-1973*, Rio de Janeiro, Agir, 2008. (Essas Cartas foram publicadas anteriormente em duas obras — *Cartas da Prisão* e *Das Catacumbas*, Rio de Janeiro, Civilização Brasileira. *Cartas da Prisão*, editada em 1974, teve a 6ª edição lançada em 1976. Nova edição: São Paulo, Companhia das Letras, 2017).

2. *Das catacumbas*, Rio de Janeiro, Civilização Brasileira, 1976 (3ª edição, 1985). Obra esgotada.

3. *Oração na ação*, Rio de Janeiro, Civilização Brasileira, 1977 (3ª edição, 1979). Obra esgotada.

4. *Natal, a ameaça de um menino pobre*, Petrópolis, Vozes, 1978. Obra esgotada.

5. *A semente e o fruto, Igreja e Comunidade*, Petrópolis, Vozes, 3ª edição, 1981. Obra esgotada.

6. *Diário de Puebla*, Rio de Janeiro, Civilização Brasileira, 1979 (2ª edição, 1979). Obra esgotada.

108 O MARXISMO AINDA É ÚTIL?

7. *A Vida suspeita do subversivo Raul Parelo* (contos), Rio de Janeiro, Civilização Brasileira, 1979 (esgotada). Reeditada sob o título de *O Aquário Negro*, Rio de Janeiro, Difel, 1986. Nova edição do Círculo do Livro, 1990. Em 2009, foi lançada pela Agir nova edição revista e ampliada, Rio de Janeiro. Obra esgotada.

8. *Puebla para o povo*, Petrópolis, Vozes, 1979 (4ª edição, 1981). Obra esgotada.

9. *Nicarágua livre, o primeiro passo*, Rio de Janeiro, Civilização Brasileira, 1980. Dez mil exemplares editados em Jornalivro, São Bernardo do Campo, ABCD-Sociedade Cultural, 1981. Obra esgotada.

10. *O que é Comunidade Eclesial de Base*, São Paulo, Brasiliense, 5ª edição, 1985. Co-edição Abril, São Paulo, 1985, para bancas de revistas e jornais. Obra esgotada.

11. *O fermento na massa*, Petrópolis, Vozes, 1981. Obra esgotada.

12. *CEBs, rumo à nova sociedade*, São Paulo, Paulinas, 2ª edição, 1983. Obra esgotada.

13. *Fogãozinho, culinária em histórias infantis* (com receitas de Maria Stella Libanio Christo), Rio de Janeiro, Nova Fronteira, 1984 (3ª edição, 1985). Nova edição da Mercuryo Jovem — São Paulo, 2002 (7ª edição).

14. *Fidel e a religião, conversas com Frei Betto*, São Paulo, Brasiliense, 1985 (23ª edição, 1987). Edição do Círculo do Livro, São Paulo, 1989 (esgotada). 3ª edição, ampliada e ilustrada com fotos, São Paulo, Editora Fontanar, 2016.

15. *Batismo de sangue*: Os dominicanos e a morte de Carlos Marighella, Rio de Janeiro, Civilização Brasileira, 1982 (7ª edição, 1985). Reeditado pela Bertrand do Brasil, Rio de Janeiro, 1987 (10ª edição, 1991). Edição do Círculo do Livro, São Paulo, 1982. Em 2000 foi lançada a 11ª edição revista e ampliada — *Batismo de Sangue*: A luta clandestina contra a ditadura militar — Dossiês Carlos Marighella & Frei Tito — pela Casa Amarela, São Paulo. Em 2006, foi lançada a 14ª edição, revista e ampliada, Rocco.

FREI BETTO

109

16. *OSPB, Introdução à política brasileira*, São Paulo, Ática, 1985 (18ª edição, 1993). Obra esgotada.

17. *O dia de Angelo* (romance), São Paulo, Brasiliense, 1987 (3ª edição, 1987). Edição do Círculo do Livro, São Paulo, 1990. Obra esgotada.

18. *Cristianismo & marxismo*, Petrópolis, Vozes, 3ª edição, 1988. Obra esgotada.

19. *A proposta de Jesus* (Catecismo Popular, v. I), São Paulo, Ática, 1989 (3ª edição, 1991). Obra esgotada.

20. *A comunidade de fé* (Catecismo Popular, v. II), São Paulo, Ática, 1989 (3ª edição, 1991). Obra esgotada.

21. *Militantes do reino* (Catecismo Popular, v. III), São Paulo, Ática, 1990 (3ª edição, 1991). Obra esgotada.

22. *Viver em comunhão de amor* (Catecismo Popular, v. IV), São Paulo, Ática, 1990 (3ª edição, 1991). Obra esgotada.

23. *Catecismo popular* (versão condensada), São Paulo, Ática, 1992 (2ª edição, 1994). Obra esgotada.

24. *Lula: biografia política de um operário*, São Paulo, Estação Liberdade, 1989 (8ª edição, 1989). *Lula: Um operário na Presidência*, São Paulo, Casa Amarela, 2003 — edição revisada e atualizada.

25. *A menina e o elefante* (infanto-juvenil), São Paulo, FTD, 1990 (6ª edição, 1992). Em 2003, foi lançada nova edição revista pela Editora Mercuryo Jovem, São Paulo (3ª edição).

26. *Fome de pão e de beleza*, São Paulo, Siciliano, 1990. Obra esgotada.

27. *Uala, o amor* (infanto-juvenil), São Paulo, FTD, 1991 (12ª edição, 2009). Nova edição, 2016.

28. *Sinfonia universal, a cosmovisão de Teilhard de Chardin*, São Paulo, Ática, 1997 (5ª edição revista e ampliada). A 1ª edição foi editada pela Letras & Letras, São Paulo, 1992. (3ª edição, 1999). Rio de Janeiro, Vozes, 2011.

29. *Alucinado som de tuba* (romance), São Paulo, Ática, 1993 (20ª edição, 2000).

30. *Por que eleger Lula presidente da República* (Cartilha Popular), São Bernardo do Campo, FG, 1994. Obra esgotada.

31. *O paraíso perdido: nos bastidores do socialismo*, São Paulo, Geração, 1993 (2ª edição, 1993). Na edição atualizada, ganhou o título *O paraíso perdido: viagens ao mundo socialista*, Rio de Janeiro, Rocco, 2015.

32. *Cotidiano & Mistério*, São Paulo, Olho d'Água, 1996. (2ª edição, 2003). Obra esgotada.

33. *A obra do Artista: uma visão holística do universo*, São Paulo, Ática, 1995 (7ª edição, 2008). Rio de Janeiro, Ed. José Olympio, 2011.

34. *Comer como um frade: divinas receitas para quem sabe por que temos um céu na boca*, Rio de Janeiro, Francisco Alves, 1996 (2ª edição, 1997). Rio de Janeiro, Ed. José Olympio, 2003.

35. *O vencedor* (romance), São Paulo, Ática, 1996 (15ª edição, 2000).

36. *Entre todos os homens* (romance), São Paulo, Ática, 1997 (8ª edição, 2008). Na edição atualizada, ganhou o título *Um homem chamado Jesus*, Rio de Janeiro, Rocco, 2009.

37. *Talita abre a porta dos evangelhos*, São Paulo, Moderna, 1998. Obra esgotada.

38. *A noite em que Jesus nasceu*, Petrópolis, Vozes, 1998. Obra esgotada.

39. *Hotel Brasil* (romance policial), São Paulo, Ática, 1999 (2ª edição, 1999). Na edição atualizada, ganhou o título *Hotel Brasil: o mistério das cabeças degoladas*, Rio de Janeiro, Rocco, 2010.

40. *A mula de Balaão*, São Paulo, Salesiana, 2001.

41. *Os dois irmãos*, São Paulo, Salesiana, 2001.

42. *A mulher samaritana*, São Paulo, Salesiana, 2001.

FREI BETTO

43. *Alfabetto: autobiografia escolar*, São Paulo, Ática, 2002 (4ª edição).

44. *Gosto de uva: textos selecionados*, Rio de Janeiro, Garamond, 2003.

45. *Típicos tipos: coletânea de perfis literários*, São Paulo, A Girafa, 2004. Obra esgotada.

46. *Saborosa viagem pelo Brasil: Limonada e sua turma em histórias e receitas a bordo do Fogãozinho* (com receitas de Maria Stella Libanio Christo), São Paulo, Mercuryo Jovem, 2004 (2ª edição).

47. *Treze contos diabólicos e um angélico*, São Paulo, Planeta do Brasil, 2005.

48. *A mosca azul: reflexão sobre o poder*, Rio de Janeiro, Rocco, 2006.

49. *Calendário do poder*, Rio de Janeiro, Rocco, 2007.

50. *A arte de semear estrelas*, Rio de Janeiro, Rocco, 2007.

51. *Diário de Fernando: Nos cárceres da ditadura militar brasileira*, Rio de Janeiro, Rocco, 2009.

52. *Maricota e o mundo das letras*, São Paulo, Mercuryo Novo Tempo, 2009.

53. *Minas do ouro*, Rio de Janeiro, Rocco, 2011.

54. *Aldeia do silêncio*, Rio de Janeiro, Rocco, 2013.

55. *O que a vida me ensinou*, São Paulo, Saraiva, 2013.

56. *Fome de Deus: Fé e espiritualidade no mundo atual*, São Paulo, Paralela, 2013.

57. *Reinventar a vida*, Petrópolis, Vozes, 2014.

58. *Começo, meio e fim*, Rio de Janeiro, Rocco, 2014.

59. *Oito vias para ser feliz*, São Paulo, Planeta, 2014.

60. *Um Deus muito humano: Um novo olhar sobre Jesus*, São Paulo, Fontanar, 2015.

61. *Ofício de escrever*, Rio de Janeiro, Rocco, 2017.

62. *Parábolas de Jesus: Ética e valores universais*, Petrópolis, Vozes, 2017.

63. *Por uma educação crítica e participativa*, Rio de Janeiro, Rocco, 2018.

64. *Sexo, orientação sexual e "ideologia de gênero"*, Rio de Janeiro, Coleção Saber, Grupo Emaús, 2018.

65. *Fé e Afeto: Espiritualidade em tempos de crise*, Petrópolis, Vozes, 2019.

66. *Minha avó e seus mistérios*, Rio de Janeiro, Rocco, 2019 (no prelo).

Obras sobre o Autor:

Frei Betto — Biografia — Prefácio de Fidel Castro — por Américo Freire e Evanize Sydow. Rio de Janeiro, Civilização Brasileira, 2016.

Frei Betto e o socialismo pós-ateísta — Fábio Régio Bento — Porto Alegre, Nomos Editora e Produtora, 2018.